1612

Das Buch

Welche Pflanze steht für die deutsche Romantik? Wie lautet der erste Satz des Romans »Stiller« von Max Frisch? Welches Schauspielerpaar trat in der Verfilmung von Edward Albees Theaterstück »Wer hat Angst vor Virginia Woolf« auf?

Der große *SPIEGEL*-Wissenstest dreht sich diesmal um ein weites Feld: die Literatur. In den Fragen geht es quer durch die Geschichte, von den Anfängen über die Klassiker bis zu den großen Romanen der Moderne. Gefragt wird aber auch nach Literaturverfilmungen, berühmten Autoren, Bestsellern der Gegenwart und großen Erfolgen der Kinder- und Jugendliteratur, der Fantasy, Science-Fiction und Kriminalliteratur. Schulwissen hilft, reicht aber allein nicht aus. Der große *SPIEGEL*-Wissenstest fragt nach dem, was man heute über Literatur wissen sollte. Nur Mut, trauen Sie sich!

Die Autoren

Martin Doerry, geboren 1955 in Veerßen bei Uelzen, studierte Germanistik und Geschichte an den Universitäten Tübingen und Zürich. Nach der Promotion arbeitete er zunächst beim *Süddeutschen Rundfunk* in Karlsruhe, seit 1987 ist er Redakteur beim *SPIEGEL* in Hamburg. Er veröffentlichte mehrere zeitgeschichtliche Bücher sowie, zusammen mit Markus Verbeet, die KiWi-Reihe »Wie gut ist Ihre Allgemeinbildung?«.

Volker Hage, geboren 1949 in Hamburg, lebt dort als Schriftsteller und Journalist. Er arbeitete als Literaturredakteur bei der *Frankfurter Allgemeinen Zeitung*, der *Zeit* und von 1992 bis 2014 beim *SPIEGEL*. Er ist Verfasser und Herausgeber zahlreicher biografischer und literaturtheoretischer Bücher; zuletzt erschien sein Roman »Die freie Liebe« (2015).

Martin Doerry / Volker Hage

WEN LIEBTE GOETHES FAUST?

Der große SPIEGEL-Wissenstest
zum Mitmachen

Kiepenheuer & Witsch

MIX
Papier aus verantwor-
tungsvollen Quellen
FSC® C083411

Verlag Kiepenheuer & Witsch, FSC®-N001512

1. Auflage 2018

Umschlaggestaltung: Barbara Thoben, Köln
Umschlagmotiv: © maconga – stock.abdobe.com
Gesetzt aus der Foundry
Gestaltung und Satz Innenteil: Felder KölnBerlin
Druck und Bindung: CPI books GmbH, Leck
ISBN 978-3-462-05131-5

INHALT

EINLEITUNG

Nur Mut! Niemand muss (und wohl kaum jemand kann) sämtliche Fragen in diesem Buch auf Anhieb beantworten, Literaturkritiker inbegriffen. Lektürekenntnisse sind wohl nötig, aber Trefferglück und Intuition helfen bisweilen auch weiter. Denn wieder findet hier das in dieser Buchreihe bewährte »Multiple Choice«-Verfahren Anwendung: Mit wenigen Ausnahmen folgen auf die Fragen jeweils vier mögliche Antworten (die richtige ist natürlich dabei). Aber Vorsicht! Lösungsangebote, die offensichtlich richtig zu sein scheinen, können gelegentlich täuschen, und solche, die absurd klingen, können auch mal richtig sein. Kurzum: Es handelt sich um ein literarisches Ratespiel, nicht um ein literaturwissenschaftliches Examen. Bloß keine Scheu vor den heiligen Hallen der Literatur!

Es geht nicht um hehre Werke und Werte, nicht allein um Klassiker oder einen Kanon. Dazu ist das Spektrum einfach zu groß: Die Literatur ist ein weites Feld, ein weites Land. Und schon werden einige den Finger heben und Bescheid wissen: Ja, wir haben es hier mit einer Formulierung Theodor Fontanes zu tun und mit einem Roman von Günter Grass (»Ein weites Feld«) sowie mit dem Titel eines Theaterstücks von Arthur Schnitzler (»Ein weites Land«). Aber werden dieselben Literaturkenner auch Fragen dieser Art beantworten können: Welche deutsche Schauspielerin hat sich als Meisterin des Poetry-Slams erwiesen, wer gilt als Erfinder der Kriminalliteratur oder wodurch unterscheidet sich die Welt in den »Chroniken von Narnia« von der unseren?

Marcel Reich-Ranicki, einer der einflussreichsten deutschen Kritiker in der zweiten Hälfte des 20. Jahrhunderts, hatte noch die Vorstellung eines geschlossenen Literaturkosmos. In einem SPIEGEL-Gespräch sagte er: »Der Verzicht auf einen Kanon würde den Rückfall in die Barbarei bedeuten.« Er war ein belesener und gebildeter Mann wie nur wenige. Aber mit Fragen nach Fantasy oder Science-Fiction hätte man ihn jagen können. Das war nicht sein Terrain, und es interessierte ihn auch nicht. Viele Leser des 21. Jahrhunderts jedoch halten diese Genres ebenfalls für lesenswert – also spielen auch diese literarischen Welten im vorliegenden Wissenstest eine wichtige Rolle. Marcel Reich-Ranicki möge es uns verzeihen.

Die folgenden 150 Fragen sind bunt gemischt und in 15 übersichtliche Kapitel unterteilt, die jeweils zehn Fragen enthalten. Dabei ist die Klassik und die Literaturgeschichte ebenso vertreten wie das Kinder- und Jugendbuch inklusive Märchen, da wird nach Schauspielern in Verfilmungen literarischer Werke gefragt und nach Millionenauflagen, da gibt es Abteilungen für Lyrik, Theater, Krimi und Weltliteratur. Ein Kapitel »zum Aufwärmen« ist dabei und – zum guten Schluss – eines mit den »Hammer-Fragen« für die Profis. Viele Antworten lassen sich googeln, aber keinesfalls alle. Und wer macht das schon? Der Spaß wäre perdu!

Zwei Interviews stehen am Ende. In dem einen – einem Anfang 2018 geführten SPIEGEL-Gespräch – berichten die Geschwister Eva und Robert Menasse erstmals gemeinsam über das Entstehen von Literatur, ihr Verhältnis zur Politik und ihren familiären Hintergrund. Beide zählen zu den erfolgreichsten deutschsprachigen Schriftstellern und stammen aus Österreich: Er erhielt im Herbst 2017 für seinen Roman »Die Hauptstadt« den Deutschen Buchpreis, sie für ihren Erzählungsband »Tiere für Fortgeschrittene« den Österreichischen Buchpreis. Schreiben, so sagt Robert Menasse, sei ohne vorhergehende Lektüre schwer vorstellbar: »Ich wäre nicht der, der ich bin, wenn ich nicht Romane gelesen hätte.«

Aber, wie gesagt, das Feld der Literatur ist weit, und es gelten unterschiedliche Kriterien: Niemand wird eine Novelle mit einem Thriller auf eine Stufe stellen, einen routiniert geschriebenen Krimi mit einem literarischen Debüt, einen Klassiker mit einem Bestseller aus den USA. Denn auf jeder dieser Etagen, in jedem dieser Traditionsräume gibt es eigene Maßstäbe, ein spezifisches Gefälle an Qualität.

Damit ist die Literaturkritik angesprochen. Und um die geht es im anderen Gespräch: zwischen zwei SPIEGEL-Autoren unterschiedlicher Generation, den Kritikern Volker Weidermann (Jahrgang 1969) und Volker Hage, einem der beiden Autoren dieses Buches (Jahrgang 1949). Die beiden sprechen über die ungeschriebenen Regeln ihrer Arbeit als Kritiker, ihre Liebe zur Literatur und darüber, wie sie diese Begeisterung ihren Lesern vermitteln.

Zuvor aber die 150 Fragen … Und nun hinein ins Vergnügen, viel Erfolg, viel Glück!

DER GROSSE
SPIEGEL-
WISSENSTEST

Literatur

DIE GEBRAUCHSANWEISUNG

1 Wie ist der Test aufgebaut?

Der Test besteht aus 13 Themengebieten sowie einer Warm-up-Phase und einem Hammer-Finale. Es sind jeweils 10 Aufgaben zu lösen, also insgesamt 150.

2 Wie mache ich mit?

Suchen Sie sich einen ruhigen Platz, nehmen Sie einen Stift in die Hand – und los geht's!

3 Wie ermittle ich mein Ergebnis?

Vergleichen Sie Ihre Antworten mit den Lösungen ab Seite 107. Für jede richtig gelöste Aufgabe geben Sie sich einen Punkt. Für Fragen, auf die mit bis zu vier richtigen Angaben geantwortet werden kann, geben Sie sich je nach Ergebnis einen Viertel-, einen halben oder einen ganzen Punkt.

Eine Einschätzung Ihres Gesamtergebnisses finden Sie auf Seite 142.

ZUM AUFWÄRMEN

>> Wenn du einen Mann umbringst, stiehlst du ein Leben. [...] Wenn du eine Lüge erzählst, stiehlst du einem anderen das Recht auf die Wahrheit. Wenn du betrügst, stiehlst du das Recht auf Gerechtigkeit. Es gibt keine erbärmlichere Tat als das Stehlen.«

Khaled Hosseini, *Drachenläufer*

Welche Pflanze steht für die deutsche Romantik?

a Die blaue Blume   O

b Die gelbe Rose   O

c Die rote Nelke   O

d Die Eiche   O

Charlotte Roche wurde schon mit ihrem ersten Roman zur Bestsellerautorin. Welchen Titel trägt das Werk?

a »Die Begierde der Frauen«   O

b »Feuchtgebiete«   O

c »Körperflüssigkeiten«   O

d »Die Sünderin«   O

Welcher oder welche dieser deutschsprachigen Autoren und Autorinnen hat den Nobelpreis für Literatur nicht erhalten?

a Günter Grass   O

b Elfriede Jelinek   O

c Martin Walser   O

d Herta Müller   O

FRAGE 4

Welchen deutschen
Dichter zeigt diese
Marmorbüste?

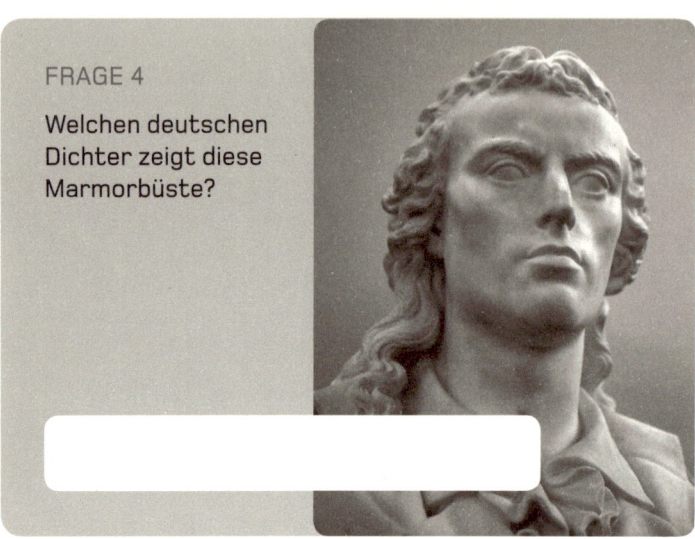

FRAGE 5

Welchen Beruf hat der amerikanische Krimiautor
John Grisham ursprünglich ausgeübt?

a   Rechtsanwalt   O
b   Immobilienmakler   O
c   Gar keinen   O
d   Politiker   O

FRAGE 6

Welchen Titel trägt der erste Roman von Karen Duve?

a »Regentropfen«   O
b »Regenroman«   O
c »Regen bringt Segen«   O
d »Aus dem Moor«   O

FRAGE 7

In welchem Land spielt Khaled Hosseinis Roman »Drachenläufer«?

a Iran   O
b Afghanistan   O
c Pakistan   O
d Usbekistan   O

FRAGE 8

Wen liebte Goethes Faust?

a Marthe   O
b Helena   O
c Gretchen   O
d Mephisto   O

FRAGE 9

Was hat Günter Grass nicht gemacht?

a Komponiert   O

b Getanzt   O

c Gemalt   O

d Geschrieben   O

FRAGE 10

In welcher Stadt wurde Heinrich Böll geboren?

a München   O

b Wanne-Eickel   O

c Bonn   O

d Köln   O

DIE GROSSEN ROMANE

 Schon am frühen Morgen, wenn
ich, den Kopf noch der Wand
zugekehrt, nicht einmal die Tönung
des Lichtstreifens über den
großen Fenstervorhängen wahrgenommen
hatte, wußte ich bereits, wie das Wetter war.«

Marcel Proust, *Auf der Suche nach der verlorenen Zeit*

FRAGE 11

»Alle glücklichen Familien gleichen einander, jede un-
glückliche Familie ist auf ihre eigene Weise unglücklich.«
Von welchem Schriftsteller stammt dieser Romananfang?

a Anton Tschechow   O

b Leo Tolstoi   O

c John Updike   O

d Charles Dickens   O

FRAGE 12

**Wie heißt das Gebäck,
dessen Verzehr in Marcel
Prousts Romanwerk
»Die Suche nach der
verlorenen Zeit« die
Erinnerung beflügelt?**

a Petite Madeleine

b Eclair

c Charlotte

d Amuse-Gueule

FRAGE 13

Welche Stadt ist kein Schauplatz des Romans »Das Parfum« von Patrick Süskind?

a   Paris   O
b   Avignon   O
c   Grasse   O
d   Montpellier   O

FRAGE 14

Drei dieser vier Romane erzählen die Geschichte eines Bildes. Welcher nicht?

a   »Die Farbe Lila« von Alice Walker   O
b   »Der Distelfink« von Donna Tartt   O
c   »Das Bildnis des Dorian Gray« von Oscar Wilde O
d   »Der letzte Weynfeldt« von Martin Suter   O

FRAGE 15

Wie lautet der erste Satz des Romans »Stiller« von Max Frisch?

a   »Mein Name sei Stiller.«   O
b   »Ich bin nicht Stiller.«   O
c   »Ich bin kein Stiller.«   O
d   »Ich sitze in Untersuchungshaft.«   O

Was haben die Romane »Der Chronist der Winde«,
»Das Herz der Finsternis« und »Der ewige Gärtner«
gemeinsam?

a	Sie thematisieren die Umweltzerstörung.	O
b	Sie wurden im 19. Jahrhundert geschrieben.	O
c	Ihre Autoren sind Briten.	O
d	Sie spielen in Afrika.	O

Nach welcher mythologischen Figur hat James Joyce
seinen berühmten Roman benannt?

a	Herakles	O
b	Paris	O
c	Zeus	O
d	Odysseus	O

Wie heißt der Roman von Anna Seghers, in dem die
Flucht aus einem Konzentrationslager beschrieben
wird?

a	»Das siebte Kreuz«	O
b	»Aufstand der Fischer von St. Barbara«	O
c	»Transit«	O
d	»Kopflohn«	O

FRAGE 19

Honoré de Balzac hat seinen Romanen einen übergreifenden Titel gegeben. Wie lautet er?

a »Alle Toten fliegen hoch« O

b »Die menschliche Komödie« O

c »Die Rougon-Macquart« O

d »Pariser Chronik« O

FRAGE 20

In welchem dieser vier Romane führt Ehebruch zu einem Selbstmord?

a »Effi Briest« von Theodor Fontane O

b »Ehepaare« von John Updike O

c »Der scharlachrote Buchstabe« von Nathaniel Hawthorne O

d »Madame Bovary« von Gustave Flaubert O

WELTLITERATUR

 Es ist eine allgemein anerkannte
Wahrheit, daß ein Junggeselle
im Besitz eines schönen
Vermögens nichts dringender
braucht als eine Frau.«

Jane Austen, *Stolz und Vorurteil*

Welche symbolische Bedeutung hat Don Quijotes Kampf gegen die Windmühlenflügel?

a   Das Ende des Rittertums

b   Das Ende der Windmühlen

c   Der Beginn der industriellen Revolution

d   Das Unglück in der Liebe

FRAGE 22

Wann beendete George Orwell seinen Roman »1984«?

a   1884   O
b   1918   O
c   1948   O
d   1964   O

FRAGE 23

Woran stirbt »Das kleine Mädchen mit den Schwefelhölzern« in Hans Christian Andersens gleichnamigem Märchen?

a   Es verbrennt.   O
b   Es verhungert.   O
c   Es wird ermordet.   O
d   Es erfriert.   O

FRAGE 24

Welcher dieser Romane ist keine Dystopie (negative Utopie)?

a   »Der Report der Magd« von Margaret Atwood   O
b   »Die Straße« von Cormac McCarthy   O
c   »Die Korrekturen« von Jonathan Franzen   O
d   »Alles, was wir geben mussten« von Kazuo
     Ishiguro   O

FRAGE 25

Welcher russische Schriftsteller schrieb über seine
Jahre in einem Straflager den Roman »Ein Tag im Leben
des Iwan Denissowitsch«?

a Alexander Puschkin   O

b Alexander Solschenizyn   O

c Nicolai Gogol   O

d Fjodor Dostojewski   O

FRAGE 26

Wer zählte nicht zu den drei schreibenden Brontë-
Schwestern?

a Emily   O

b Isabel   O

c Anne   O

d Charlotte   O

FRAGE 27

Wie heißt das Landgut von Mr. Darcy, dem männlichen
Helden in Jane Austens Roman »Stolz und Vorurteil«?

a Manderley   O

b Pemberley   O

c Rosings Park   O

d Kensington   O

Frage 28

Worin besteht die Tragik des Michael Kohlhaas in der gleichnamigen Novelle von Heinrich von Kleist?

a   Er kämpft für das Recht anderer – und schadet
    sich dabei selbst.   O

b   Er kämpft vergeblich um sein Recht und setzt
    sich dabei ins Unrecht.   O

c   Er schadet anderen, ohne es zu wollen.   O

d   Er erkämpft sein Recht und verspielt am Ende
    alles.   O

FRAGE 29

Die deutschen Titel des autobiografischen Roman-zyklus von Karl Ove Knausgård bestehen jeweils aus einem Wort. Welches ist nicht dabei?

a   »Lieben«   O

b   »Sterben«   O

c   »Lachen«   O

d   »Träumen«   O

FRAGE 30

Welcher der folgenden Helden entstammt nicht der Feder von Charles Dickens?

a   Tom Sawyer   O

b   David Copperfield   O

c   Oliver Twist   O O

d   Nicholas Nickleby   O

VERFILMTE LITERATUR

 Es gibt für mich auf der ganzen
Welt nichts Verdächtigeres als
die Liebe – weder Mensch, noch
Teufel, noch sonst etwas –, denn
sie dringt noch tiefer in die Seele ein als
irgendetwas anderes.«

Umberto Eco, *Der Name der Rose*

FRAGE 31

Welcher schottische Schauspieler spielte die Hauptrolle in der Verfilmung des Romans »Der Name der Rose« von Umberto Eco?

a	James McAvoy	O
b	Ewan McGregor	O
c	Sean Connery	O
d	Robbie Coltrane	O

FRAGE 32

Welches Shakespeare-Drama wurde hier mit Leonardo DiCaprio und Claire Danes verfilmt?

FRAGE 33

Welches Schauspielerpaar trat in der Verfilmung von Edward Albees Theaterstück »Wer hat Angst vor Virginia Woolf« auf?

a   Elizabeth Taylor und Richard Burton   O

b   Marilyn Monroe und James Dean   O

c   Grace Kelly and Cary Grant   O

d   Senta Berger und Gert Fröbe   O

FRAGE 34

Welche deutsche Schauspielerin spielte die Hauptrolle in Roman Polanskis Verfilmung des Romans »Tess of the d'Urbervilles« von Thomas Hardy?

a   Sabine Sinjen   O

b   Hildegard Knef   O

c   Nastassja Kinski   O

d   Dagmar Berghoff   O

FRAGE 35

Welcher Schauspieler spielte in den Literaturverfilmungen »About a Boy«, »Bridget Jones«, »Sinn und Sinnlichkeit« und »Was vom Tage übrig blieb« mit?

a   Brad Pitt   O

b   Colin Firth   O

c   Daniel Craig   O

d   Hugh Grant   O

Welcher Roman von Isabel Allende wurde hier mit
Jeremy Irons und Meryl Streep verfilmt?

FRAGE 37

Natalie Portman war die Produzentin und Hauptdarstellerin in der Verfilmung des Romans »Die Geschichte von
Liebe und Finsternis« von Amos Oz. Wo wurde gedreht?

a   New York   O
b   Paris   O
c   London   O
d   Jerusalem   O

FRAGE 38

Welchen der folgenden Romane hat Volker Schlöndorff nicht verfilmt?

a »Eine Liebe von Swann« von Marcel Proust   O

b »Homo faber« von Max Frisch   O

c »Die Blechtrommel« von Günter Grass   O

d »Lotte in Weimar« von Thomas Mann   O

FRAGE 39

Über welchen im Exil lebenden deutschen Schriftsteller hat die Schauspielerin und Regisseurin Maria Schrader einen Film gedreht?

a Heinrich Mann   O

b Alfred Döblin   O

c Lion Feuchtwanger   O

d Stefan Zweig   O

FRAGE 40

Unter welchem Titel wurde der Romanzyklus »A Song of Ice and Fire« von George R. R. Martin zu einer international bekannten Fernsehserie?

a »Breaking Bad«   O

b »Downton Abbey«   O

c »Homeland«   O

d »Game of Thrones«   O

THEATER

 Ich bat sie, mich anzuschauen,
und nach einem Moment – nach
einem Moment tat sie es, aber
ihre Augen waren nur Schlitze,
der grellen Sonne wegen. Ich beugte mich
über sie, damit sie im Schatten wären, und
sie öffneten sich.«

Samuel Beckett, *Das letzte Band*

Wie viele Töchter hat Shakespeares »König Lear«?

a   Zwei   O
b   Drei   O
c   Vier   O
d   Fünf   O

FRAGE 42

In welchem Theaterstück von Peter Handke wird nicht gesprochen?

a   »Publikumsbeschimpfung«   O
b   »Die Stunde da wir nichts voneinander wussten«   O
c   »Kaspar«   O
d   »Der Ritt über den Bodensee«   O

FRAGE 43

Über welchen Religionsgründer schrieb der Franzose Voltaire ein kritisches Theaterstück?

a   Jesus   O
b   Siddhartha Gautama   O
c   Mohammed   O
d   Laotse   O

FRAGEN

FRAGE 44

Womit finanzierte das historische Vorbild des Goethe-Helden Götz von Berlichingen seinen Lebensunterhalt?

a Mit Raubüberfällen und Entführungen   O
b Mit Ackerbau und Viehzucht   O
c Mit Preisgeldern bei Ritterturnieren   O
d Mit Handelsgeschäften   O

FRAGE 45

Wer schrieb das Theaterstück »Reigen«, das zunächst von der Zensur verboten und 1920 erstmals in Berlin aufgeführt wurde?

a Karl Kraus   O
b Hugo von Hofmannsthal   O
c Arthur Schnitzler   O
d Peter Hacks   O

FRAGE 46

Worum geht es in Samuel Becketts Stück »Das letzte Band«?

a Tonband   O
b Haarband   O
c Slackline   O
d Gummiband   O

FRAGE 47

Wem wird das Kind zugesprochen, um das sich in Bertolt Brechts Theaterstück »Der kaukasische Kreidekreis« zwei Frauen streiten?

a   Derjenigen, die das Kind hochhebt   O
b   Derjenigen, die das Kind aus dem Kreis zieht O
c   Derjenigen, die das Kind loslässt   O
d   Derjenigen, die das Kind in den Kreis hineinzieht O

FRAGE 48

In welchem Stück der französischen Autorin Yasmina Reza diskutieren zwei Paare über die Erziehung ihrer Kinder?

a   »Kunst«   O
b   »Drei Mal Leben«   O
c   »Bella Figura«   O
d   »Der Gott des Gemetzels«   O

FRAGE 49

Wer zerbricht in Heinrich von Kleists Theaterstück einen Krug?

a   Schreiber Licht   O
b   Dorfrichter Adam   O
c   Gerichtsrat Walter   O
d   Ruprecht   O

FRAGE 50

**Welchen Titel trägt ein Bühnenwerk der Nobelpreis-
trägerin Elfriede Jelinek?**

a   »Lust«   O

b   »Gier«   O

c   »Wut«   O

d   »Neid«   O

LYRIK

 Und wie der Klang im Ohr vergehet,
der mächtig tönend ihr entschallt,
so lehre sie, daß nichts bestehet,
daß alles Irdische verhallt!«

Friedrich Schiller, *Das Lied von der Glocke*

FRAGE 51

Friedrich Schillers Gedicht »Das Lied von der Glocke«
beginnt mit dem Vers »Festgemauert in der Erden«.
Wie lautet die folgende Zeile?

a   »Steht die Form, aus Lehm gebrannt«   O
b   »Steht die Form, aus Holz gehaun«   O
c   »Steht die Form, aus kaltem Eis«   O
d   »Steht die Form, aus reinem Sand«   O

FRAGE 52

Welche deutsche Schauspielerin wurde auch durch
Poetry-Slams bekannt?

a   Sibel Kekilli   O
b   Julia Engelmann   O
c   Karoline Herfurth   O
d   Nora Tschirner   O

FRAGE 53

Wie viele Verse hat ein Sonett?

a   8   O
b   12   O
c   14   O
d   16   O

FRAGE 54

Von wem stammen die Gedichtzeilen: »Und vom ganzen Hühnerschmaus / Guckt nur noch ein Bein heraus«?

a   Wilhelm Busch   O

b   Theodor Storm   O

c   Heinrich Heine   O

d   Joachim Ringelnatz   O

FRAGE 55

Wer schrieb den Vers »Ich saz ûf eime steine«?

a   Hartmann von Aue   O

b   Gottfried von Straßburg   O

c   Walther von der Vogelweide   O

d   Wolfram von Eschenbach   O

FRAGE 56

Welcher expressionistische Lyriker fiel im Ersten Weltkrieg?

a   Ernst Stadler   O

b   Johannes R. Becher   O

c   Georg Trakl   O

d   Gottfried Benn   O

»Man braucht nur eine Insel / allein im weiten Meer. /
Man braucht nur einen Menschen, / den aber braucht
man sehr.« Wer hat diese Verse gedichtet?

a Mascha Kaléko   O

b Ingeborg Bachmann   O

c Erich Fried   O

d Else Lasker-Schüler   O

In welchem Goethe-Gedicht findet sich die Zeile:
»Es war getan fast eh gedacht«?

a »Heidenröslein«   O

b »Erlkönig«   O

c »Wandrers Sturmlied«   O

d »Willkommen und Abschied«   O

Wie lautet der Titel eines Gedichts von
Wolf Wondratschek?

a »In den Autos«   O

b »Per Pedes«   O

c »Auf dem Dampfer«   O

d »Mit dem Ballon über den Wolken«   O

FRAGE 60

In Ernst Jandls Gedicht »Lichtung« geht es um ein Begriffspaar. Um welches?

a   Nord und Süd   •

b   Oben und unten   •

c   Links und rechts   •

d   Mops und Pudel   •

KRIMI

?

Manche Menschen werden von Hähnen geweckt, andere davon, dass die Stille zu groß ist.«

Henning Mankell, *Hunde von Riga*

Wer gilt als Erfinder der Kriminalliteratur?

a Edgar Allan Poe   O
b Fjodor Dostojewski   O
c Georges Simenon   O
d Harry Kemelman   O

Der bekannteste Privatdetektiv der Kriminalliteratur heißt Sherlock Holmes. Wer ist sein Schöpfer?

a George Simenon   O
b Arthur Conan Doyle   O
c Agatha Christie   O
d Patricia Highsmith   O

Woran leidet Henning Mankells Kriminalkommissar Kurt Wallander im Alter?

a Krebs   O
b Schizophrenie   O
c Demenz   O
d Impotenz   O

FRAGE 64

Wie heißt diese Krimiautorin?

FRAGE 65

**Woran erkennt man Stieg Larssons Heldin
Lisbeth Salander?**

a   An ihren grünen Haaren   O
b   An einem Drachentattoo   O
c   An ihrem Bauchnabelpiercing   O
d   Am Fehlen des rechten kleinen Fingers   O

FRAGE 66

Wie heißt der Schriftsteller mit bürgerlichem Namen,
der als John le Carré den Geheimagenten George Smiley
erfand?

a Peter Sellers   O
b Edward Elgar   O
c John Brown   O
d David Cornwell   O

FRAGE 67

Ordnen Sie die Autoren Martin Walker (1),
Dashiell Hammett (2), Martha Grimes (3) und
Patricia Cornwell (4) folgenden Werken zu:

a »Der dünne Mann«

b »Inspektor Jury bricht das Eis«

c »Herzbube«

d »Provokateure«

FRAGE 68

Die amerikanische Romanautorin Joyce Carol Oates schrieb unter einem Pseudonym den Kriminalroman »Das Frühlingsopfer«. Welchen Namen hat sie sich gegeben?

a Lauren Kelly   O

b Rosamond Smith   O

c Ruth Rendell   O

d Henry Bech   O

FRAGE 69

Von wem stammt der Ratgeber »Suspense oder Wie man einen Thriller schreibt«?

a Dennis Lehane   O

b Nele Neuhaus   O

c Patricia Highsmith   O

d Eric Ambler   O

FRAGE 70

Dick Francis hat mehrere Krimis aus dem Milieu des Pferdesports zusammen mit seinem Sohn geschrieben. Welchen Vornamen trägt Francis junior?

a Felix   O

b Robin   O

c Raymond   O

d Edgar   O

FANTASY UND SCIENCE-FICTION

Es gab einhundertundzweiund-
vierzig Treppen in Hogwarts:
breite, weit ausschwingende; enge,
kurze, wacklige; manche führten
freitags woandershin; manche hatten auf
halber Höhe eine Stufe, die ganz plötzlich
verschwand, und man durfte nicht vergessen,
sie zu überspringen. Dann wiederum gab es
Türen, die nicht aufgingen, außer wenn man
sie höflich bat oder sie an genau der richtigen
Stelle kitzelte, und Türen, die gar keine waren,
sondern Wände, die nur so taten, als ob.«

Joanne K. Rowling, *Harry Potter und der Stein der Weisen*

FRAGE 71

Welches Tier gehört in den Harry-Potter-Romanen
von Joanne K. Rowling zur Heldin Hermine?

a   Eule   O
b   Katze   O
c   Eichhörnchen   O
d   Frettchen   O

FRAGE 72

In welchem Land hat der Regisseur Peter Jackson den
Roman »Der Herr der Ringe« von J. R. R. Tolkien verfilmt?

a   Neuseeland   O
b   Island   O
c   Norwegen   O
d   Schottland   O

FRAGE 73

Wie viele Drachen begleiten Daenerys in »Game of
Thrones« nach dem Tod ihres Mannes Khal Drogo?

a   Zwei   O
b   Drei   O
c   Vier   O
d   Fünf   O

FRAGE 74

Welche spezielle Fähigkeit nutzt Katniss Everdeen in der Romantrilogie »Die Tribute von Panem« im Kampf ums Überleben?

a Sich-unsichtbar-Machen O

b Boxen O

c Drachenfliegen O

d Bogenschießen O

FRAGE 75

Wie ernährt sich der Cullen-Clan in den »Twilight«-Romanen von Stephenie Meyer?

a Mit Leichenblut O

b Mit Menschenblut O

c Mit Pflanzen O

d Mit Tierblut O

FRAGE 76

Durch welchen Gegenstand kann Joanne K. Rowlings Held Newt Scamander in die Welt seiner Fabelwesen gelangen?

a Koffer O

b Schornstein O

c Falltür O

d Spiegel O

Jules Verne hat viele fantastische Reiseromane geschrieben. Welchen nicht?

a »Die Reise zum Mittelpunkt der Erde« ●

b »Die Reise um den Mond« ●

c »Die Reise zum Mars« ●

d »Die Reise zur geheimnisvollen Insel« ●

FRAGE 78

Was unterscheidet die Welt in den »Chroniken von Narnia« grundsätzlich von unserem Universum?

a Die Zeit verstreicht viel langsamer.   O

b Die Zeit verstreicht viel schneller.   O

c Die Welt kennt keine Farben.   O

d Die Welt kennt keine Töne.   O

FRAGE 79

Douglas Adams schrieb Ende der Siebzigerjahre eine fünfteilige Romanreihe unter dem Titel »Per Anhalter durch die Galaxis«. In welcher Form hatte er den Stoff bereits vorher veröffentlicht?

a Kinofilm   O

b Computerspiel   O

c Hörspiel   O

d TV-Serie   O

FRAGE 80

1818 veröffentlichte die britische Autorin Mary Shelley einen Roman, in dem die Schaffung eines künstlichen Menschen beschrieben wird. Wie heißt der Roman?

a »Dr. Mabuse«   O

b »Frankenstein«   O

c »Rosemaries Baby«   O

d »Zombie«   O

KINDER- UND JUGENDBÜCHER

» Am besten, ihr geht jetzt nach Hause«, sagte Pippi, »damit ihr morgen wiederkommen könnt. Denn wenn ihr nicht nach Hause geht, könnt ihr ja nicht wiederkommen. Und das wäre schade.«

Astrid Lindgren, *Pippi Langstrumpf*

In einem grimmschen Märchen wird gesagt:
»Der Wind! Der Wind! Das himmlische Kind«.
Wer sagt es zu wem?

a   Der Wolf zu Rotkäppchen   O
b   Schneewittchen zu den sieben Zwergen   O
c   Hänsel und Gretel zur Hexe   O
d   Der Prinz zu Dornröschen   O

Welches Buch wurde nicht von Cornelia Funke
verfasst?

a   »Tintenklecks«   O
b   »Tintenherz«   O
c   »Tintenblut«   O
d   »Drachenreiter«   O

Aus welchem Märchen stammt die Zeile »Heinrich,
der Wagen bricht«?

a   »Der Froschkönig« von den Gebrüdern Grimm   O
b   »Die drei dummen Teufel« von Ludwig Bechstein   O
c   »Tausendundeine Nacht«   O
d   »Der Zwerg Nase« von Wilhelm Hauff   O

FRAGE 84

In Erich Kästners Roman »Emil und die Detektive« jagt eine Gruppe von Kindern einen Verbrecher. Wie lautet dessen Name?

a   Ede   O
b   Grundeis   O
c   Bieberkopf   O
d   Hartmann   O

FRAGE 85

Für die aktuelle deutsche Buchausgabe von Astrid Lindgrens Roman »Pippi Langstrumpf« wurde eine Figur unbenannt. Welche?

a   Negerkönig   O
b   Negerkalle   O
c   Fräulein Smilla   O
d   Karlsson vom Dach   O

FRAGE 86

Wer sind die Helden in Max von der Grüns Buch »Vorstadtkrokodile«?

a   Die Mitglieder einer Jugendbande   O
b   Die Tiere eines Kinderzoos   O
c   Die Angestellten einer Tierhandlung   O
d   Die Spieler eines Eishockeyvereins   O

FRAGE 87

Ordnen Sie den Autoren Michael Ende (1), Brigitte Blobel (2), Paul Maar (3) und Erich Kästner (4) die folgenden Titeln zu:

a »Eine Woche voller Samstage«

b »Die unendliche Geschichte«

c »Das doppelte Lottchen«

d »Neues vom Süderhof«

FRAGE 88

Wie mobilisiert Karl Mays Held Kara Ben Nemsi die letzten Reserven seines Pferdes Rih?

a Er benutzt eine Silberpeitsche.   O

b Er verzichtete auf einen Sattel.   O

c Er tätschelt ihm die Flanken.   O

d Er legt ihm die Hand zwischen die Ohren und
    flüstert: »Rih«.   O

FRAGE 89

Wogegen hat Michael Endes Romanfigur Momo zu kämpfen?

a   Bücherdiebe   O

b   Zeitdiebe   O

c   Die Zerstörung durch das »Nichts«   O

d   Zauberer   O

FRAGE 90

Was sagt der Räuber Hotzenplotz im gleichnamigen Roman von Otfried Preußler nicht?

a   »Papperlapapp!«

b   »Hände hoch!«

c   »Knacken und zwacken, wo's uns gefällt!«

d   »Ich zähle bis drei!«

BESTSELLER

> Kein Mensch hat ein Leben, das nur aus perfekten kleinen Augenblicken besteht. Und wenn es so wäre, wären die Augenblicke nicht mehr perfekt, sondern normal. Wie soll man wissen, was Freude ist, wenn man nie Kummer hat?«

Cecelia Ahern, *P.S. Ich liebe Dich*

FRAGE 91

Wie heißt die Autorin der Erotikromane »Fifty Shades
of Grey«?

a   E. L. James   O
b   Sarah Kane   O
c   Barbara Cartland   O
d   Rosamunde Pilcher   O

FRAGE 92

Zu den Autoren, deren Bücher sich weltweit millionenfach verkauft haben, zählen Karl May (1), Hedwig Courths-Mahler (2), Danielle Steel (3) und Utta Danella (4). Ordnen Sie die folgenden geschätzten Gesamtauflagen diesen Autoren zu:

a 70 Millionen

b 80 Millionen

c 200 Millionen

d Mehr als 500 Millionen

FRAGE 93

Welches Amt bekleidete der Vater von Cecelia Ahern, der Autorin des Romans »P.S. Ich liebe Dich«?

a Britischer Premier   O
b Irischer Ministerpräsident O
c Kanadischer Außenminister   O
d US-Botschafter in Dublin   O

Unter dem Pseudonym Pascal Mercier veröffentlichte ein Professor für Philosophie den Roman »Nachtzug nach Lissabon«. Wie heißt der Autor mit richtigem Namen?

a   Peter Sloterdijk   O

b   Richard David Precht   O

c   Hans Blumenberg   O

d   Peter Bieri   O

FRAGE 95

Daniel Glattauer schrieb zu seinem Erfolgsroman »Gut gegen Nordwind« noch eine Fortsetzung. Unter welchem Titel?

a   »E-Mail für dich«   O

b   »Ewig dein«   O

c   »Geschenkt«   O

d   »Alle sieben Wellen«   O

FRAGE 96

Was wird in Carlos Ruiz Zafóns Roman »Der Schatten des Windes« verbrannt?

a   Bücher   O

b   Hexen   O

c   Bäume   O

d   Häuser   O

FRAGE 97

Welchen der folgenden Romane hat die Italienerin
Elena Ferrante nicht geschrieben?

a »Meine geniale Freundin« O
b »Die Geschichte der Bienen« O
c »Die Geschichte eines neuen Namens« O
d »Die Geschichte der getrennten Wege« O

FRAGE 98

In John Greens Roman »Das Schicksal ist ein mieser
Verräter« besuchen die Protagonisten Hazel und Gus
in Amsterdam ein Museum. Welches?

a Anne-Frank-Haus O
b Rijksmuseum O
c Stedelijk Museum O
d Van Gogh Museum O

FRAGE 99

Der Erzähler in Joachim Meyerhoffs Roman »Alle Toten
fliegen hoch. Amerika« erklärt seinen amerikanischen
Gasteltern eines Tages: »I have a problem called blood.«
Was war passiert?

a Er hatte Nasenbluten. O
b Er hatte sich in den Finger geschnitten. O
c Er hatte einen Autounfall. O
d Er hatte sich das Knie aufgeschlagen. O

In seinem Bestseller »Die Vermessung der Welt« imaginiert Daniel Kehlmann eine Begegnung zwischen zwei berühmten Forschern. Welche sind das?

a   Immanuel Kant und Isaac Newton   O

b   Carl Friedrich Gauß und Alexander von Humboldt   O

c   Niels Bohr und Werner Heisenberg   O

d   Albert Einstein und Sigmund Freud   O

KLASSIKER DES 20. JAHRHUNDERTS

»Als der Junge zurückkam, schlief der alte Mann auf dem Stuhl, die Sonne war untergegangen. Der Junge nahm die alte Armeedecke vom Bett und breitete sie über die Stuhllehne und die Schultern des alten Mannes.«

Ernest Hemingway, *Der alte Mann und das Meer*

Wie lautet der erste Satz von Franz Kafkas Novelle »Das Urteil«?

a   »Jemand musste Josef K. verleumdet haben, denn ohne dass er etwas Böses getan hätte, wurde er eines Morgens verhaftet.«   O

b   »In den letzten Jahren ist das Interesse an Hungerkünstlern sehr zurückgegangen.«   O

c   »Es war an einem Sonntagvormittag im schönsten Frühjahr.«   O

d   »Als Gregor Samsa eines Morgens aus unruhigen Träumen erwachte, fand er sich in seinem Bett zu einem ungeheuren Ungeziefer verwandelt.«   O

FRAGE 102

Mit welchem Fisch kämpft Hemingways Held in der Novelle »Der alte Mann und das Meer«?

a   Merlin   O

b   Marlin   O

c   Stechlin   O

d   Stichling   O

FRAGE 103

Welche Farbe hat das titelgebende Notizbuch in Doris Lessings berühmtem Roman?

a   Blau   O

b   Rot   O

c   Gold   O

d   Silber   O

FRAGE 104

Wie heißt die Geliebte des Titelhelden in Max Frischs
Roman »Homo faber«?

a Lisa   O
b Lizzy   O
c Betty   O
d Sabeth   O

FRAGE 105

In welcher arabischen Großstadt spielt Nagib Mahfus'
Roman »Die Midaq-Gasse«?

a Alexandria   O
b Kairo   O
c Beirut   O
d Damaskus   O

FRAGE 106

Wie heißt das Theaterstück
von Agatha Christie, das
seit 1952 durchgehend in
London gespielt wird?

a »Zeugin der Anklage«
b »Die Mausefalle«
c »Alibi«
d »Villa Nachtigall«

Wo finden die Schachpartien in Stefan Zweigs
»Schachnovelle« statt?

a   Während eines Langstreckenflugs   O
b   Auf einer Polizeistation   O
c   Auf einem Schiff   O
d   In der Transcontinental Railroad   O

Kurt Vonnegut schildert in seinem Roman
»Schlachthof 5« den Luftangriff auf eine
Großstadt im Jahr 1945. Auf welche?

a   Hamburg   O
b   London   O
c   Hiroshima   O
d   Dresden   O

Wie lautet der Spitzname von John Updikes
bekanntester Romanfigur Harry Angstrom?

a   Babitt   O
b   Rabbit   O
c   Portnoy   O
d   Dale   O

FRAGE 110

Die Schriftstellerin Anaïs Nin hat ausführlich Tagebuch
geführt. Darin schildert sie auch eine Affäre mit einem
amerikanischen Kollegen. Um wen handelt es sich?

a Sinclair Lewis   O

b Philip Roth   O

c Henry Miller   O

d Saul Bellow   O

DAS LEBEN DER
SCHRIFTSTELLER

 Ich denke nie daran, für wen ich
schreibe. Ein Autor hat ohnehin
keinen Einfluss auf das Lese-
erlebnis. Als Leserin nehme ich
mir genau das aus Büchern, was mich auf
meiner Entdeckungsreise durchs Leben
weiterbringt.«

Nadine Gordimer (im Interview mit dem *Blick*)

FRAGE 111

In welchem französischen Badeort fanden deutsche
Autoren wie Bertolt Brecht, Franz Werfel oder
Arnold Zweig in den Dreißigerjahren vorübergehend
Zuflucht?

a Sanary-sur-Mer   O

b Nizza   O

c St. Tropez   O

d Cannes   O

FRAGE 112

Die Schriftsteller Émile Zola (1), Georg
Heym (2), Antoine de Saint-Exupéry (3)
und W. G. Sebald (4) sind keines natürlichen
Todes gestorben. Bitte ordnen Sie die
Autoren den Todesursachen zu:

a Verkehrsunfall

b Kohlenmonoxidvergiftung

c Ertrunken beim Schlittschuhlaufen

d Flugzeugabsturz

FRAGE 113

In welcher Künstlerkolonie hielt sich der Dichter Rainer
Maria Rilke auf?

a   Skagen   O
b   Ahrenshoop   O
c   Worpswede   O
d   Darmstadt   O

FRAGE 114

**Mit wem war der Kritiker Marcel Reich-Ranicki so
eng befreundet, dass er keine Rezensionen über
dessen Bücher schrieb?**

a   Uwe Johnson   ●
b   Siegfried Lenz   ●
c   Wolfgang Koeppen   ●
d   Peter Rühmkorf   ●

FRAGE 115

Wie lautete der Deckname von Christa Wolf bei der
DDR-Staatssicherheit?

a Walküre   O
b Charlotte   O
c Margarete   O
d Christiane   O

FRAGE 116

Wo errichtete William Shakespeare zusammen mit
seinen Geschäftspartnern im Jahr 1599 das erste
»Globe Theatre«?

a Stratford-upon-Avon   O
b Canterbury   O
c Oxford   O
d London   O

FRAGE 117

Welcher Ort am Meer war für Thomas Mann ein
»Kindheitsparadies« und wurde von ihm in seinem
Roman »Buddenbrooks« verewigt?

a Nidden   O
b Westerland   O
c Travemünde   O
d Noordwijk aan Zee   O

FRAGE 118

Der Schauplatz einer Erzählung von Kurt Tucholsky liegt in der Nähe der letzten Ruhestätte des Autors. Welches Buch ist es?

a »Rheinsberg«   O

b »Ein Pyrenäenbuch«   O

c »Schloss Gripsholm«   O

d »Träumereien an preußischen Kaminen«   O

FRAGE 119

Welches Land war die Heimat der Autorin und Literaturnobelpreisträgerin Nadine Gordimer?

a Großbritannien   O

b Kanada   O

c Südafrika   O

d Zimbabwe   O

FRAGE 120

Welcher französische Schriftsteller lehnte 1964 den Nobelpreis für Literatur ab?

a André Gide   O

b Jean-Paul Sartre   O

c Albert Camus   O

d Patrick Modiano   O

DIE ANFÄNGE
DER LITERATUR

 Uns wird in alten Erzählungen
viel Wunderbares berichtet, von
rühmenswerten Helden, großer
Kampfesmühe, von Freuden
und Festen, von Weinen und Klagen; von
den Kämpfen kühner Helden könnt ihr nun
Wunderbares erzählt hören.«

Grimmelshausen, *Simplicissimus*

Grimmelshausen veröffentlichte 1668 mit dem »Simplicissimus« einen der ersten Romane der deutschen
Literatur. In welchem Krieg ist die Handlung angesiedelt?

a Dreißigjähriger Krieg   O
b Bauernkriege   O
c Kreuzzüge   O
d Deutsch-Französischer Krieg   O

FRAGE 122

**Wie heißt die mittelalterliche Kunst des Liebes-
gedichts?**

a Minarett
b Minnesang
c Frouwenlied
d Mutterlieb

FRAGE 123

Über welche antike Frauenfigur hat Christa Wolf eine Erzählung geschrieben?

a Circe   O
b Kleopatra   O
c Kassandra   O
d Gaia   O

FRAGE 124

Wo treffen sich Tristan und Isolde in Gottfried von Straßburgs Versroman zum heimlichen Stelldichein?

a Im Schlossgraben   O
b Auf der grünen Wiese   O
c Im Badehaus   O
d In der Minnegrotte   O

FRAGE 125

An welcher Körperstelle ist der Nibelungen-Held Siegfried verwundbar, obwohl er im Drachenblut gebadet hat?

a An der Ferse, weil sein Fuß nicht eingetaucht war   O
b Am Rücken, weil dort ein Blatt auf ihn gefallen war   O
c Am Handgelenk, weil seine Mutter ihn daran festhielt   O
d Überall, weil das Drachenblut gar keine Wirkung hatte   O

Durch welches Werk wurde die italienische Sprache erstmals in schriftlicher Form dokumentiert?

a »Göttliche Komödie« von Dante Alighieri   O

b »Canzoniere« von Francesco Petrarca   O

c »Decamerone« von Giovanni Boccaccio   O

d »Der rasende Roland« von Ludovico Ariosto   O

Welcher Dichter steht im Mittelpunkt von Christoph Ransmayrs Roman »Die letzte Welt«?

a Homer   O

b Aristophanes   O

c Ovid   O

d Aischylos   O

In welcher Sprache veröffentlichte der Italiener Giacomo Casanova unter dem Titel »Die Geschichte meines Lebens« die Erinnerungen an seine politischen und amourösen Erlebnisse?

a Russisch   O

b Italienisch   O

c Französisch   O

d Deutsch   O

FRAGE 129

Wer gilt als die erste deutsche Dichterin?

a   Roswitha von Gandersheim   O

b   Annette von Droste-Hülshoff   O

c   Karoline von Günderrode   O

d   Adele Schopenhauer   O

FRAGE 130

Ordnen Sie die Autoren Gerhart Hauptmann (1) Gotthold Ephraim Lessing (2), Novalis (3) und Theodor Fontane (4) ihren literarischen Epochen zu.

a   Aufklärung

b   Romantik

c   Realismus

d   Naturalismus

LITERATUR DER GEGENWART

> Du kannst nicht viel von deiner Mutter lernen. Aber das kannst du von deiner Mutter lernen. Erstens, man kann über alles reden. Und zweitens, was die Leute denken, ist scheißegal.«

Wolfgang Herrndorf, *Tschick*

FRAGE 131

Welchen Vornamen trägt der Titelheld aus John Irvings
Roman »Garp und wie er die Welt sah«?

a   Peter   O
b   Philipp   O
c   T.S.   O
d   Keinen   O

FRAGE 132

Welchen Titel gab Martin Walser seinem biografischen
Roman, in dem er schildert, wie der 73-jährige Goethe
der 19-jährigen Ulrike von Levetzow einen Heiratsantrag
macht?

a   »Ein sterbender Mann«   O
b   »Ein liebender Mann«   O
c   »Der Augenblick der Liebe«   O
d   »Der Lebenslauf der Liebe«   O

FRAGE 133

Juli Zeh hat im Jahr 2016 einen Roman über die Bewohner eines kleinen ostdeutschen Dorfs veröffentlicht.
Das Buch heißt wie?

a   »Unterleuten«   O
b   »Untermenschen«   O
c   »Der Übermensch«   O
d   »Der Untertan«   O

FRAGE 134

Wie heißt der vollständige Name des Romanhelden »Tschick« von Wolfgang Herrndorf?

a Tarik Schimanski
b Thomas Schick
c Tyll Schimmeck
d Andrej Tschichatschow

FRAGE 135

Wie heißt im Roman »The Circle« von Dave Eggers die tragbare Kamera, mit dem jeder Schritt eines Menschen protokolliert wird?

a EyeSpy   O
b WatchMe   O
c SeeChange   O
d MovieMe   O

Welcher Religion beugt sich die französische Regierung
in Michel Houellebecqs Roman »Unterwerfung«?

a Islam   O
b Judentum   O
c Katholizismus   O
d Buddhismus   O

Welcher Roman von Ian McEwan beginnt mit einem
vermeintlichen Flugzeugabsturz?

a »Solar«   O
b »Abbitte«   O
c »Saturday«   O
d »Amsterdam«   O

Welcher russische Komponist spielt die Hauptrolle in
Julian Barnes' Roman »Der Lärm der Zeit«?

a Strawinsky   O
b Schostakowitsch   O
c Prokofjew   O
d Tschaikowsky   O

FRAGE 139

Mit welcher literarischen Form hat sich die die weiß-russische Literaturnobelpreisträgerin Swetlana Alexijewitsch einen Namen gemacht?

a   Lyrik   O

b   Dokumentarische Prosa   O

c   Drama und Hörspiel   O

d   Roman   O

FRAGE 140

Ordnen Sie diesen vier Autorinnen das jeweilige Foto zu:

Alissa Walser (1), Doris Dörrie (2),
Brigitte Kronauer (3), Eva Menasse (4)

DIE HAMMER-FRAGEN ZUM SCHLUSS

 Alles Gescheite ist schon gedacht
worden, man muß nur versuchen,
es noch einmal zu denken.«

Goethe, *Wilhelm Meisters Lehrjahre*

Welcher Autor hat oder hatte keinen Schriftsteller
zum Sohn?

a   Friedrich Schiller   O
b   Botho Strauß   O
c   Christoph Hein   O
d   Thomas Mann   O

Welche dieser vier deutschsprachigen Nachkriegs-
autorinnen lebte in der Bundesrepublik Deutschland?

a   Maxie Wander   O
b   Brigitte Reimann   O
c   Ilse Aichinger   O
d   Gabriele Wohmann   O

Für welchen Opernkomponisten schrieb der österreichische Dichter Hugo von Hofmannsthal mehrere
Libretti?

a   Erich Wolfgang Korngold   O
b   Richard Strauss   O
c   Alban Berg   O
d   Giacomo Puccini   O

FRAGE 144

Der Amerikaner Ernest Hemingway war viermal
verheiratet. Eine seiner Ehefrauen begleitete ihn im
Spanischen Bürgerkrieg als Reporterin. Wer war's?

a   Martha Gellhorn   O

b   Hadley Richardson   O

c   Mary Welsh   O

d   Pauline Pfeiffer   O

FRAGE 145

Welche englische Schriftstellerin ist auf dieser
britischen Pfund-Note abgebildet?

Frage 146

Von welchem lateinamerikanischen Diktator ist in den Romanen »Das Fest des Ziegenbocks« von Mario Vargas Llosa und »Das kurze wundersame Leben des Oscar Wao« von Junot Díaz die Rede?

a Fidel Castro ○

b Augusto Pinochet ○

c Rafael Trujillo ○

d Alfredo Stroessner ○

FRAGE 147

Auf welches antike Versepos bezieht sich der Film »O Brother, Where Art Thou«?

a Odyssee ○

b Ilias ○

c Aeneis ○

d Gilgamesch ○

FRAGE 148

Welches der folgenden Tiere ist nicht in einem Buchtitel von Günter Grass enthalten?

a Schnecke ○

b Butt ○

c Pferd ○

d Ratte ○

FRAGE 149

Vervollständigen Sie diese Romantitel:

a »Auf der Suche nach der _____ «

b »Der Spion, der aus der _____ «

c »Zen und die Kunst, ein _____ «

d »Der Hundertjährige, der aus dem _____ «

FRAGE 150

Eine der Figuren aus dem Goethe-Roman »Wilhelm Meisters Lehrjahre« trägt den Namen einer heute handelsüblichen Batterie. Wie heißt sie?

a Baby   O
b Mono   O
c Micro   O
d Mignon   O

DIE LÖSUNGEN

ZUM AUFWÄRMEN

FRAGE 1

Welche Pflanze steht für die deutsche Romantik?

Die blaue Blume

FRAGE 2

Charlotte Roche wurde schon mit ihrem ersten Roman zur Bestsellerautorin. Welchen Titel trägt das Werk?

»Feuchtgebiete«

FRAGE 3

Welcher oder welche dieser deutschsprachigen Autoren und Autorinnen hat den Nobelpreis für Literatur nicht erhalten?

Martin Walser

FRAGE 4

Welchen deutschen Dichter zeigt diese Marmorbüste?

Friedrich Schiller

FRAGE 5

Welchen Beruf hat der amerikanische Krimiautor John Grisham ursprünglich ausgeübt?

Rechtsanwalt

FRAGE 6

Welchen Titel trägt der erste Roman von Karen Duve?

»Regenroman«

FRAGE 7

In welchem Land spielt Khaled Hosseinis Roman »Drachenläufer«?

Afghanistan

FRAGE 8

Wen liebte Goethes Faust?

Gretchen

FRAGE 9

Was hat Günter Grass nicht gemacht?

Komponiert

In welcher Stadt wurde Heinrich Böll geboren?

Köln

DIE GROSSEN ROMANE

FRAGE 11

»Alle glücklichen Familien gleichen einander, jede unglück-
liche Familie ist auf ihre eigene Weise unglücklich.« Von
welchem Schriftsteller stammt dieser Romananfang?

Leo Tolstoi

FRAGE 12

Wie heißt das Gebäck, dessen Verzehr in Marcel Prousts
Romanwerk »Die Suche nach der verlorenen Zeit« die
Erinnerung beflügelt?

Petite Madeleine

FRAGE 13

Welche Stadt ist kein Schauplatz des Romans »Das
Parfum« von Patrick Süskind?

Avignon

FRAGE 14

Drei dieser vier Romane erzählen die Geschichte eines Bildes. Welcher nicht?

»Die Farbe Lila« von Alice Walker

FRAGE 15

Wie lautet der erste Satz des Romans »Stiller« von Max Frisch?

»Ich bin nicht Stiller.«

FRAGE 16

Was haben die Romane »Der Chronist der Winde«, »Das Herz der Finsternis« und »Der ewige Gärtner« gemeinsam?

Sie spielen in Afrika.

FRAGE 17

Nach welcher mythologischen Figur hat James Joyce seinen berühmten Roman benannt?

Odysseus (»Ulysses«)

FRAGE 18

Wie heißt der Roman von Anna Seghers, in dem die Flucht aus einem Konzentrationslager beschrieben wird?

»Das siebte Kreuz«

FRAGE 19

Honoré de Balzac hat seinen Romanen einen übergreifenden Titel gegeben. Wie lautet er?

»Die menschliche Komödie«

FRAGE 20

In welchem dieser vier Romane führt Ehebruch zu einem
Selbstmord?

»Madame Bovary« von Gustave Flaubert

WELTLITERATUR

FRAGE 21

Welche symbolische Bedeutung hat Don Quijotes Kampf
gegen die Windmühlenflügel?

Das Ende des Rittertums

FRAGE 22
Wann beendete George Orwell seinen Roman »1984«?

1948

FRAGE 23

Woran stirbt »Das kleine Mädchen mit den Schwefel-hölzern« in Hans Christian Andersens gleichnamigem Märchen?

Es erfriert.

FRAGE 24

Welcher dieser Romane ist keine Dystopie (negative Utopie)?

»Die Korrekturen« von Jonathan Franzen

FRAGE 25

Welcher russische Schriftsteller schrieb über seine Jahre in einem Straflager den Roman »Ein Tag im Leben des Iwan Denissowitsch«?

Alexander Solschenizyn

FRAGE 26

Wer zählte nicht zu den drei schreibenden Brontë-Schwestern?

Isabel

FRAGE 27

Wie heißt das Landgut von Mr. Darcy, dem männlichen Helden in Jane Austens Roman »Stolz und Vorurteil«?

Pemberley

FRAGE 28

Worin besteht die Tragik des Michael Kohlhaas in der gleichnamigen Novelle von Heinrich von Kleist?

Er kämpft vergeblich um sein Recht und setzt sich dabei ins Unrecht.

FRAGE 29

Die deustchen Titel des autobiografischen Romanzyklus von Karl Ove Knausgård bestehen jeweils aus einem Wort. Welches ist nicht dabei?

»Lachen«

FRAGE 30

Welcher der folgenden Helden entstammt nicht der Feder von Charles Dickens?

Tom Sawyer

VERFILMTE LITERATUR

FRAGE 31

Welcher schottische Schauspieler spielte die Hauptrolle in der Verfilmung des Romans »Der Name der Rose« von Umberto Eco?

Sean Connery

FRAGE 32

Welches Shakespeare-Drama wurde hier mit Leonardo DiCaprio und Claire Danes verfilmt?

»Romeo und Julia«

FRAGE 33

Welches Schauspielerpaar trat in der Verfilmung von Edward Albees Theaterstück »Wer hat Angst vor Virginia Woolf« auf?

Elizabeth Taylor und Richard Burton

FRAGE 34

Welche deutsche Schauspielerin spielte die Hauptrolle in Roman Polanskis Verfilmung des Romans »Tess of the d'Urbervilles« von Thomas Hardy?

Nastassja Kinski

FRAGE 35

Welcher Schauspieler spielte in den Literaturverfilmungen »About a Boy«, »Bridget Jones«, »Sinn und Sinnlichkeit« und »Was vom Tage übrig blieb« mit?

Hugh Grant

FRAGE 36

Welcher Roman von Isabel Allende wurde hier mit Jeremy Irons und Meryl Streep verfilmt?

»Das Geisterhaus«

FRAGE 37

Natalie Portman war die Produzentin und Hauptdarstellerin in der Verfilmung des Romans »Die Geschichte von Liebe und Finsternis« von Amos Oz. Wo wurde gedreht?

Jerusalem

FRAGE 38

Welchen der folgenden Romane hat Volker Schlöndorff nicht verfilmt?

»Lotte in Weimar« von Thomas Mann

FRAGE 39

Über welchen im Exil lebenden deutschen Schriftsteller hat die Schauspielerin und Regisseurin Maria Schrader einen Film gedreht?

Stefan Zweig

FRAGE 40

Unter welchem Titel wurde der Romanzyklus »A Song of Ice and Fire« von George R. R. Martin zu einer international bekannten Fernsehserie?

»Game of Thrones«

THEATER

FRAGE 41

Wie viele Töchter hat Shakespeares »König Lear«?

Drei

FRAGE 42

In welchem Theaterstück von Peter Handke wird nicht gesprochen?

»Die Stunde da wir nichts voneinander wussten«

FRAGE 43

Über welchen Religionsgründer schrieb der Franzose Voltaire ein kritisches Theaterstück?

Mohammed

FRAGE 44

Womit finanzierte das historische Vorbild des Goethe-
Helden Götz von Berlichingen seinen Lebensunterhalt?

Mit Raubüberfällen und Entführungen

FRAGE 45

Wer schrieb das Theaterstück »Reigen«, das zunächst
von der Zensur verboten und 1920 erstmals in Berlin
aufgeführt wurde?

Arthur Schnitzler

FRAGE 46
Worum geht es in Samuel Becketts Stück »Das letzte
Band«?

Tonband

FRAGE 47

Wem wird das Kind zugesprochen, um das sich in Bertolt
Brechts Theaterstück »Der kaukasische Kreidekreis«
zwei Frauen streiten?

Derjenigen, die das Kind loslässt

FRAGE 48

In welchem Stück der französischen Autorin Yasmina
Reza diskutieren zwei Paare über die Erziehung ihrer
Kinder?

»Der Gott des Gemetzels«

FRAGE 49

Wer zerbricht in Heinrich von Kleists Theaterstück einen Krug?

Dorfrichter Adam

FRAGE 50

Welchen Titel trägt ein Bühnenwerk der Nobelpreisträgerin Elfriede Jelinek?

»Wut«

LYRIK

FRAGE 51

Friedrich Schillers Gedicht »Das Lied von der Glocke« beginnt mit dem Vers »Festgemauert in der Erden«. Wie lautet die folgende Zeile?

»Steht die Form, aus Lehm gebrannt«

FRAGE 52

Welche deutsche Schauspielerin wurde auch durch Poetry-Slams bekannt?

Julia Engelmann

FRAGE 53

Wie viele Verse hat ein Sonett?

14

FRAGE 54

Von wem stammen die Gedichtzeilen: »Und vom ganzen Hühnerschmaus / Guckt nur noch ein Bein heraus«?

Wilhelm Busch

FRAGE 55

Wer schrieb den Vers »Ich saz ûf eime steine«?

Walther von der Vogelweide

FRAGE 56

Welcher expressionistische Lyriker fiel im Ersten Weltkrieg?

Ernst Stadler

FRAGE 57

»Man braucht nur eine Insel / allein im weiten Meer. / Man braucht nur einen Menschen, / den aber braucht man sehr.« Wer hat diese Verse gedichtet?

Mascha Kaléko

FRAGE 58

In welchem Goethe-Gedicht findet sich die Zeile: »Es war getan fast eh gedacht«?

»Willkommen und Abschied«

FRAGE 59

Wie lautet der Titel eines Gedichts von Wolf Wondratschek?

»In den Autos«

FRAGE 60

In Ernst Jandls Gedicht »Lichtung«, geht es um ein Begriffspaar. Um welches?

Links und rechts

KRIMI

FRAGE 61

Wer gilt als Erfinder der Kriminalliteratur?

Edgar Allan Poe

FRAGE 62

Der bekannteste Privatdetektiv der Kriminalliteratur heißt Sherlock Holmes. Wer ist sein Schöpfer?

Arthur Conan Doyle

FRAGE 63

Woran leidet Henning Mankells Kriminalkommissar Kurt Wallander im Alter?

Demenz

FRAGE 64

Wie heißt diese Krimi-autorin?

Donna Leon

FRAGE 65

Woran erkennt man Stieg Larssons Heldin Lisbeth Salander?

An einem Drachentattoo

FRAGE 66

Wie heißt der Schriftsteller mit bürgerlichem Namen, der als John le Carré den Geheimagenten George Smiley erfand?

David Cornwell

FRAGE 67

Ordnen Sie die Autoren Martin Walker (1), Dashiell Hammett (2), Martha Grimes (3) und Patricia Cornwell (4) folgenden Werken zu:

»Der dünne Mann«: 2, »Inspektor Jury bricht das Eis«: 3, »Herzbube«: 4, »Provokateure«: 1

FRAGE 68

Die amerikanische Romanautorin Joyce Carol Oates schrieb unter einem Pseudonym den Kriminalroman »Das Frühlingsopfer«. Welchen Namen hat sie sich gegeben?

Rosamond Smith

FRAGE 69

Von wem stammt der Ratgeber »Suspense oder Wie man einen Thriller schreibt«?

Patricia Highsmith

FRAGE 70

Dick Francis hat mehrere Krimis aus dem Milieu des Pferdesports zusammen mit seinem Sohn geschrieben. Welchen Vornamen trägt Francis junior?

Felix

FANTASY UND SCIENCE-FICTION

FRAGE 71

Welches Tier gehört in den Harry-Potter-Romanen von
Joanne K. Rowling zur Heldin Hermine?

Katze

FRAGE 72

In welchem Land hat der Regisseur Peter Jackson den
Roman »Der Herr der Ringe« von J. R. R. Tolkien verfilmt?

Neuseeland

FRAGE 73

Wie viele Drachen begleiten Daenerys in »Game of
Thrones« nach dem Tod ihres Mannes Khal Drogo?

Drei

FRAGE 74

Welche spezielle Fähigkeit nutzt Katniss Everdeen in der
Romantrilogie »Die Tribute von Panem« im Kampf ums
Überleben?

Bogenschießen

FRAGE 75

Wie ernährt sich der Cullen-Clan in den »Twilight«-Romanen von Stephenie Meyer?

Mit Tierblut

FRAGE 76

Durch welchen Gegenstand kann Joanne K. Rowlings Held Newt Scamander in die Welt seiner Fabelwesen gelangen?

Koffer

FRAGE 77

Jules Verne hat viele fantastische Reiseromane geschrieben. Welchen nicht?

»Die Reise zum Mars«

FRAGE 78

Was unterscheidet die Welt in den »Chroniken von Narnia« grundsätzlich von unserem Universum?

Die Zeit verstreicht viel schneller.

FRAGE 79

Douglas Adams schrieb Ende der Siebzigerjahre eine fünfteilige Romanreihe unter dem Titel »Per Anhalter durch die Galaxis«. In welcher Form hatte er den Stoff bereits vorher veröffentlicht?

Hörspiel

1818 veröffentlichte die britische Autorin Mary Shelley einen Roman, in dem die Schaffung eines künstlichen Menschen beschrieben wird. Wie heißt der Roman?

»Frankenstein«

KINDER- UND JUGENDBÜCHER

FRAGE 81

In einem grimmschen Märchen wird gesagt: »Der Wind! Der Wind! Das himmlische Kind«. Wer sagt es zu wem?

Hänsel und Gretel zur Hexe

FRAGE 82

Welches Buch wurde nicht von Cornelia Funke verfasst?

»Tintenklecks«

FRAGE 83

Aus welchem Märchen stammt die Zeile »Heinrich, der Wagen bricht«?

»Der Froschkönig« von den Gebrüdern Grimm

FRAGE 84

In Erich Kästners Roman »Emil und die Detektive« jagt eine Gruppe von Kindern einen Verbrecher. Wie lautet dessen Name?

Grundeis

FRAGE 85

Für die aktuelle deutsche Buchausgabe von Astrid Lindgrens Roman »Pippi Langstrumpf« wurde eine Figur unbenannt. Welche?

Negerkönig (jetzt: Südseekönig)

FRAGE 86

Wer sind die Helden in Max von der Grüns Buch »Vorstadtkrokodile«?

Die Mitglieder einer Jugendbande

FRAGE 87

Ordnen Sie den Autoren Michael Ende (1), Brigitte Blobel (2), Paul Maar (3) und Erich Kästner (4) die folgenden Titeln zu:

»Eine Woche voller Samstage«: 3, »Die unendliche Geschichte«: 1 , »Das doppelte Lottchen«: 4, »Neues vom Süderhof«: 2

FRAGE 88

Wie mobilisiert Karl Mays Held Kara Ben Nemsi die letzten Reserven seines Pferdes Rih?

Er legt ihm die Hand zwischen die Ohren und flüstert: »Rih«

FRAGE 89

Wogegen hat Michael Endes Romanfigur Momo zu kämpfen?

Zeitdiebe

FRAGE 90

Was sagt der Räuber Hotzenplotz im gleichnamigen Roman von Otfried Preußler nicht?

»Knacken und zwacken, wo's uns gefällt!«

BESTSELLER

FRAGE 91

Wie heißt die Autorin der Erotikromane »Fifty Shades of Grey«?

E. L. James

FRAGE 92

Zu den Autoren, deren Bücher sich weltweit millionenfach verkauft haben, zählen Karl May (1), Hedwig Courths-Mahler (2), Danielle Steel (3) und Utta Danella (4). Ordnen Sie die folgenden geschätzten Gesamtauflagen diesen Autoren zu:

70 Millionen: 4, 80 Millionen: 2,
200 Millionen: 1, mehr als 500 Millionen: 3.

FRAGE 93

Welches Amt bekleidete der Vater von Cecelia Ahern, der Autorin des Romans »P. S. Ich liebe Dich«?

Irischer Ministerpräsident

FRAGE 94

Unter dem Pseudonym Pascal Mercier veröffentlichte ein Professor für Philosophie den Roman »Nachtzug nach Lissabon«. Wie heißt der Autor mit richtigem Namen?

Peter Bieri

FRAGE 95

Daniel Glattauer schrieb zu seinem Erfolgsroman »Gut gegen Nordwind« noch eine Fortsetzung. Unter welchem Titel?

»Alle sieben Wellen«

FRAGE 96

Was wird in Carlos Ruiz Zafóns Roman »Der Schatten des Windes« verbrannt?

Bücher

FRAGE 97

Welchen der folgenden Romane hat die Italienerin Elena Ferrante nicht geschrieben?

»Die Geschichte der Bienen«

FRAGE 98

In John Greens Roman »Das Schicksal ist ein mieser Verräter« besuchen die Protagonisten Hazel und Gus in Amsterdam ein Museum. Welches?

Anne-Frank-Haus

FRAGE 99

Der Erzähler in Joachim Meyerhoffs Roman »Alle Toten fliegen hoch. Amerika« erklärt seinen amerikanischen Gasteltern eines Tages: »I have a problem called blood.« Was war passiert?

Er hatte Nasenbluten.

FRAGE 100

In seinem Bestseller »Die Vermessung der Welt« imaginiert Daniel Kehlmann eine Begegnung zwischen zwei berühmten Forschern. Welche sind das?

Carl Friedrich Gauß und Alexander von Humboldt

KLASSIKER DES 20. JAHRHUNDERTS

FRAGE 101

Wie lautet der erste Satz von Franz Kafkas Novelle »Das Urteil«?

»Es war an einem Sonntagvormittag im schönsten Frühjahr.«

FRAGE 102

Mit welchem Fisch kämpft Hemingways Held in der Novelle »Der alte Mann und das Meer«?

Marlin

FRAGE 103

Welche Farbe hat das titelgebende Notizbuch in Doris Lessings berühmtem Roman?

Gold (»Das goldene Notizbuch«)

FRAGE 104

Wie heißt die Geliebte des Titelhelden in Max Frischs
Roman »Homo faber«?

Sabeth

FRAGE 105

In welcher arabischen Großstadt spielt Nagib Mahfus'
Roman »Die Midaq-Gasse«?

Kairo

FRAGE 106

Wie heißt das Theaterstück von Agatha Christie, das
seit 1952 durchgehend in London gespielt wird?

»Die Mausefalle«

FRAGE 107

Wo finden die Schachpartien in Stefan Zweigs
»Schachnovelle« statt?

Auf einem Schiff

FRAGE 108

Kurt Vonnegut schildert in seinem Roman
»Schlachthof 5« den Luftangriff auf eine
Großstadt im Jahr 1945. Auf welche?

Dresden

FRAGE 109

Wie lautet der Spitzname von John Updikes bekanntester Romanfigur Harry Angstrom?

Rabbit

FRAGE 110

Die Schriftstellerin Anaïs Nin hat ausführlich Tagebuch geführt. Darin schildert sie auch eine Affäre mit einem amerikanischen Kollegen. Um wen handelt es sich?

Henry Miller

DAS LEBEN DER SCHRIFTSTELLER

FRAGE 111

In welchem französischen Badeort fanden deutsche Autoren wie Bertolt Brecht, Franz Werfel oder Arnold Zweig in den Dreißigerjahren vorübergehend Zuflucht?

Sanary-sur-Mer

FRAGE 112

Die Schriftsteller Émile Zola (1), Georg Heym (2), Antoine
de Saint-Exupéry (3) und W. G. Sebald (4) sind keines
natürlichen Todes gestorben. Bitte ordnen Sie die
Autoren den Todesursachen zu:

**Verkehrsunfall: 4, Kohlenmonoxidvergiftung: 1,
Ertrunken beim Schlittschuhlaufen: 2, Flugzeugabsturz: 3**

FRAGE 113

In welcher Künstlerkolonie hielt sich der Dichter Rainer
Maria Rilke auf?

Worpswede

FRAGE 114

Mit wem war der Kritiker Marcel Reich-Ranicki so eng
befreundet, dass er keine Rezensionen über dessen
Bücher schrieb?

Siegfried Lenz

FRAGE 115

Wie lautete der Deckname von Christa Wolf bei der
DDR-Staatssicherheit?

Margarete

FRAGE 116

Wo errichtete William Shakespeare zusammen mit seinen Geschäftspartnern im Jahr 1599 das erste »Globe Theatre«?

London

FRAGE 117

Welcher Ort am Meer war für Thomas Mann ein »Kindheitsparadies« und wurde von ihm in seinem Roman »Buddenbrooks« verewigt?

Travemünde

FRAGE 118

Der Schauplatz einer Erzählung von Kurt Tucholsky liegt in der Nähe der letzten Ruhestätte des Autors. Welches Buch ist es?

»Schloss Gripsholm«

FRAGE 119

Welches Land war die Heimat der Autorin und Literaturnobelpreisträgerin Nadine Gordimer?

Südafrika

FRAGE 120

Welcher französische Schriftsteller lehnte 1964 den Nobelpreis für Literatur ab?

Jean-Paul Sartre

DIE ANFÄNGE DER LITERATUR

FRAGE 121

Grimmelshausen veröffentlichte 1668 mit dem »Simplicissimus« einen der ersten Romane der deutschen
Literatur. In welchem Krieg ist die Handlung angesiedelt?

Dreißigjähriger Krieg

FRAGE 122

Wie heißt die mittelalterliche Kunst des Liebesgedichts?

Minnesang

FRAGE 123

Über welche antike Frauenfigur hat Christa Wolf eine
Erzählung geschrieben?

Kassandra

FRAGE 124

Wo treffen sich Tristan und Isolde in Gottfried von
Straßburgs Versroman zum heimlichen Stelldichein?

In der Minnegrotte

FRAGE 125

An welcher Körperstelle ist der Nibelungen-Held Siegfried verwundbar, obwohl er im Drachenblut gebadet hat?

Am Rücken, weil dort ein Blatt auf ihn gefallen war

FRAGE 126

Durch welches Werk wurde die italienische Sprache erstmals in schriftlicher Form dokumentiert?

»Göttliche Komödie« von Dante Alighieri

FRAGE 127

Welcher Dichter steht im Mittelpunkt von Christoph Ransmayrs Roman »Die letzte Welt«?

Ovid

FRAGE 128

In welcher Sprache veröffentlichte der Italiener Giacomo Casanova unter dem Titel »Die Geschichte meines Lebens« die Erinnerungen an seine politischen und amourösen Erlebnisse?

Französisch

FRAGE 129

Wer gilt als die erste deutsche Dichterin?

Roswitha von Gandersheim

FRAGE 130

Ordnen Sie die Autoren Gerhart Hauptmann (1), Gotthold Ephraim Lessing (2), Novalis (3) und Theodor Fontane (4) ihren literarischen Epochen zu.

Aufklärung: 2, Romantik: 3, Realismus: 4, Naturalismus: 1

FRAGE 131

Welchen Vornamen trägt der Titelheld aus John Irvings Roman »Garp und wie er die Welt sah«?

T. S.

FRAGE 132

Welchen Titel gab Martin Walser seinem biografischen Roman, in dem er schildert, wie der 73-jährige Goethe der 19-jährigen Ulrike von Levetzow einen Heiratsantrag macht?

»Ein liebender Mann«

FRAGE 133

Juli Zeh hat im Jahr 2016 einen Roman über die Bewohner eines kleinen ostdeutschen Dorfs veröffentlicht. Das Buch heißt wie?

»Unterleuten«

FRAGE 134.

Wie heißt der vollständige Name des Romanhelden »Tschick« von Wolfgang Herrndorf?

Andrej Tschichatschow

FRAGE 135

Wie heißt im Roman »The Circle« von Dave Eggers die tragbare Kamera, mit dem jeder Schritt eines Menschen protokolliert wird?

SeeChange

FRAGE 136

Welcher Religion beugt sich die französische Regierung in Michel Houellebecqs Roman »Unterwerfung«?

Islam

FRAGE 137

Welcher Roman von Ian McEwan beginnt mit einem vermeintlichen Flugzeugabsturz?

»Saturday«

FRAGE 138

Welcher russische Komponist spielt die Hauptrolle in Julian Barnes' Roman »Der Lärm der Zeit«?

Schostakowitsch

FRAGE 139

Mit welcher literarischen Form hat sich die die weiß-russische Literaturnobelpreisträgerin Swetlana Alexijewitsch einen Namen gemacht?

Dokumentarische Prosa

FRAGE 140

Ordnen Sie diesen vier Autorinnen das jeweilige Foto zu:

1 Alissa Walser, 2 Doris Dörrie, 3 Brigitte Kronauer,
4 Eva Menasse

DIE HAMMER-FRAGEN ZUM SCHLUSS

FRAGE 141

Welcher Autor hat oder hatte keinen Schriftsteller zum
Sohn?

Friedrich Schiller

FRAGE 142

Welche dieser vier deutschsprachigen Nachkriegs-
autorinnen lebte in der Bundesrepublik Deutschland?

Gabriele Wohmann

FRAGE 143

Für welchen Opernkomponisten schrieb der österreichische Dichter Hugo von Hofmannsthal mehrere Libretti?

Richard Strauss

FRAGE 144

Der Amerikaner Ernest Hemingway war viermal verheiratet. Eine seiner Ehefrauen begleitete ihn im Spanischen Bürgerkrieg als Reporterin. Wer war's?

Martha Gellhorn

FRAGE 145

Welche englische Schriftstellerin ist auf dieser britischen Pfund-Note abgebildet?

Jane Austen

FRAGE 146

Von welchem lateinamerikanischen Diktator ist in den Romanen »Das Fest des Ziegenbocks« von Mario Vargas Llosa und »Das kurze wundersame Leben des Oscar Wao« von Junot Díaz die Rede?

Rafael Trujillo

FRAGE 147

Auf welches antike Versepos bezieht sich der Film
»O Brother, Where Art Thou«?

Odyssee

FRAGE 148

Welches der folgenden Tiere ist nicht in einem Buchtitel
von Günter Grass enthalten?

Pferd

FRAGE 149

Vervollständigen Sie diese Romantitel:

»Auf der Suche nach der verlorenen Zeit«, »Der Spion, der aus der Kälte kam«, »Zen und die Kunst, ein Motorrad zu warten«, »Der Hundertjährige, der aus dem Fenster stieg und verschwand«

FRAGE 150

Eine der Figuren aus dem Goethe-Roman »Wilhelm
Meisters Lehrjahre« trägt den Namen einer heute
handelsüblichen Batterie. Wie heißt sie?

Mignon

DAS ERGEBNIS

Meine Punktzahl

Zum Aufwärmen

Die großen Romane

Weltliteratur

Verfilmte Literatur

Theater

Lyrik

Krimi

Fantasy und Science-Fiction

Kinder- und Jugendbücher

Bestseller

Klassiker des 20. Jahrhunderts

Das Leben der Schriftsteller

Die Anfänge der Literatur

Literatur der Gegenwart

Die Hammer-Fragen zum Schluss

Insgesamt   Punkte

0 – 25 Punkte: Sie mögen eigentlich keine Bücher?

Sie kennen sich aus bei Fernsehserien und Computer-spielen, vielleicht sind Sie auch besonders sportlich. Aber für Bücher haben Sie sich noch nie so richtig interessiert. Haben Sie eigentlich diesen Literaturtest nur aus Verse-hen gekauft?

26 – 50 Punkte: Mathetalent

Ja, die hohe Literatur ist nicht so wirklich Ihr Ding. In den Ferien lesen Sie allenfalls mal einen Krimi am Strand. Und in der Schule waren Sie auch eher in Mathe ein Genie. Aber was nicht ist, kann ja noch werden …

51 – 75 Punkte: Sprachlich begabt

In Mathe waren Sie noch schlechter als in Deutsch. Aber so richtig groß war Ihre Begeisterung für die Literatur dann auch wieder nicht. Immerhin haben Sie alle Pflicht-lektüren in der Oberstufe gelesen und im Deutsch-Abi eine 2- bekommen.

76 – 100 Punkte: Bücherfreund

Das ist schon ganz ordentlich. Sie kennen sich aus, besit-zen mehr als drei Bücher und lesen alles, was Ihnen so in die Finger kommt: Bestseller, Krimis und ab und zu auch einen Klassiker. Ausbaufähig!

101 – 125 Punkte: Leseratte

Stramme Leistung: mehr als zwei Drittel der Fragen rich-tig gelöst! Sie müssen entweder ein leidenschaftlicher Leser sein oder sogar Literatur studiert haben. Jedenfalls sind Bücher ein fester Bestandteil Ihres Alltags. Gratula-tion!

126–150 Punkte: Lektor? Deutschlehrer? Literaturprofessor?

Ihre literarische Allgemeinbildung lässt nichts mehr zu wünschen übrig. Wahrscheinlich hatten Sie ein paar kleinere Schwächen bei Fantasy und Science-Fiction, aber sonst wirklich makellos. Sie können stolz auf sich sein!

DAS GLÜCK DES LESENS, DAS GLÜCK DES SCHREIBENS

»ALLES GEHT IMMER SCHNELLER, ABER DAS LESEN NICHT«

Der SPIEGEL-Literaturkritiker Volker Weidermann, Jahrgang 1969, spricht mit seinem Vorgänger, Volker Hage, Jahrgang 1949, über den Umgang mit neuen Büchern, über Erfahrungen mit sensiblen Autoren und über das ganz private Glück des Lesens.

Volker Hage, Volker Weidermann, wann und wie sind Sie beide zu Lesern geworden?

HAGE In meinem Elternhaus gab es kaum Bücher mit Literatur, eher ging es um Verkaufspsychologie und Ähnliches. Natürlich habe ich Kinderbücher gelesen, mein Lieblingsbuch war »Die rote Zora«. Aber ich habe mich keineswegs mit 13 schon auf Tolstoi oder Thomas Mann gestürzt. Irgendwann hat ein Deutschlehrer allerdings festgestellt, dass Kafka für mich interessant sein könnte. Und dann habe ich die Tagebücher von Max Frisch für mich entdeckt, aber da war ich auch schon 16, 17 Jahre alt.

WEIDERMANN Auch meine Eltern haben nur die üblichen Büchergilde-Bücher gehabt, das war also auch kein klassisch bildungsbürgerlicher Haushalt. Für mich ging es mit Asterix los und dem »Kleinen Nick«. Das habe ich Hunderte Male gelesen, die Asterix-Hefte konnte ich auswendig.

HAGE Die Comics habe ich vergessen, ich habe mit Mickey Mouse angefangen!

WEIDERMANN Dann ging es weiter mit Schneider-Büchern, der »Burg Schreckenstein« und den Internatsromanen. Die ersten sogenannten ernsten Bücher waren Geschichten von Stefan Zweig, Erzählungen von Thomas Mann, Maupassant. Ich erinnere mich, dass mein Vater mal – ich war 16 oder 17 Jahre alt – in mein Zimmer kam und sagte, ich solle nicht so viel lesen, ich würde sonst wunderlich. Wunderlich! Am Anfang freuen sich Eltern ja immer, wenn ihr Kind liest. Aber mit der Zeit haben sich meine Eltern wohl gesagt: Na ja, ein bisschen frische Luft täte ihm vielleicht doch gut.

Sie beide haben nach dem Abitur Germanistik studiert. Schon mit dem Ziel, Kritiker zu werden?

WEIDERMANN Das fing dann langsam an, ja. Obwohl einem klar war, dass das eigentlich aussichtslos sein würde. Ich habe in Heidelberg mit etwa 500 Erstsemestern angefangen, Germanistik zu studieren. Wir wurden bei einer Einführungsveranstaltung gefragt, wer Journalist werden wolle. Und bestimmt 400 hoben die Hand. Vielleicht 100 wollten noch Lektor werden.

HAGE Als Schüler wollte ich eigentlich Luftfahrtjournalist werden, ich hatte ein großes Faible für Flugzeuge und habe schon mit 15 in einem Motor-Magazin einen ersten Artikel über die deutsche Luftfahrtindustrie veröffentlicht. Die wussten gar nicht, wie jung ich war. Aber parallel habe ich auch in der Schülerzeitung über Literatur geschrieben. Und mit dem Beginn des Germanistikstudiums war das Ziel dann klar. Wann hast du denn deine erste Buchkritik veröffentlicht und wie kam es dazu?

WEIDERMANN Ich hatte erst die üblichen frustrierenden Erfahrungen. Beim »Darmstädter Echo« wollte ich ein Praktikum machen und dort hieß es nur: »Sie können kommen, wenn Sie Erfahrungen vorweisen können.« Aber dann gab es damals eine winzig kleine Neugründung, sie nannte sich »Zeitung für Darmstadt« und war extrem politisch, eine Art Gegenzeitung zum »Echo«. Und dort konnte ich endlich schreiben. Über Gedichte von Dürrenmatt habe ich meinen ersten Artikel veröffentlicht. Ich glaube, dass kaum jemand weiß, dass der überhaupt Gedichte geschrieben hat.

HAGE Ich hatte einen Trick. Weil ich ja wusste, dass mich keiner kennt, habe ich berühmte Schriftsteller interviewt und diese Interviews dann einfach angeboten, das waren Gespräche mit Grass, Kempowski, Jürgen Becker, Ernst Jandl. So kam ich in die »Akzente«, in die »Zeit«. Gedruckt wurden diese Stücke, weil das berühmte Namen waren, nicht, weil ich die Interviews geführt hatte.

WEIDERMANN Guerillataktik! Sehr gut!

Wie sind Sie denn an diese Schriftsteller herangekommen?
HAGE Nach einer Lesung, zum Beispiel. Günter Grass habe ich dort einfach angesprochen und dann interviewt, übrigens noch als Schüler, das Gespräch erschien in meiner Schülerzeitung.

WEIDERMANN Donnerwetter! Du bist ja quasi als SPIEGEL-Literaturchef auf die Welt gekommen! Bei mir war das ganz anders. Ich bin den ganz klassischen, langen Weg gegangen. Ich habe mein erstes Praktikum bei der Heidelberger »Rhein-Neckar-Zeitung« gemacht, in Dossenheim, und über wirklich alles geschrieben, was in der Region so los war, aber nichts über Literatur. Mein entscheidender Schritt war dann die »taz« in Berlin. Ich habe sie immer gelesen und bin dort eines Tages einfach reinmarschiert, auch in so einer Art Guerillamodus, aber damals war ich auch schon Mitte 20. Ich habe denen so sinngemäß gesagt: »Ich lese euch, und mir reicht das jetzt mit der ›Rhein-Neckar-Zeitung‹.« Als ich dann das Praktikum bei der »taz« hatte, bin ich zum Studieren nach Berlin gegangen und habe von da an regelmäßig frei für sie geschrieben. Die »taz« hatte halt immer Bedarf. Nach dem Studium hat man dann für mich eine Stelle geschaffen.

HAGE Und bei mir war's statt der »taz« die »FAZ«. Einer meiner Professoren an der Hamburger Uni, Karl Ludwig Schneider, schrieb gelegentlich für die »FAZ«. Und der hatte gehört, dass die jemanden suchen. Ich habe mich also beworben. Und Marcel Reich-Ranicki hat dann nur gefragt, was ich denn schon so publiziert hätte. Also habe ich ihm meine Interviews und Rezensionen geschickt. Und dann sagte er: »Gut, dann probieren wir das mal.«

WEIDERMANN Wie alt warst du damals?

HAGE 25. Ich lebte damals in einer Wohngemeinschaft und habe meine Mitbewohner gefragt: »Soll ich wirklich zur ›FAZ‹ gehen, die ist doch so rechts?« Worauf unser größter Sozialist sagte: »Natürlich gehst du dahin. Beim Klassenfeind lernen ist immer gut.« Du hast ja viele Jahre nach mir auch für die »FAZ« geschrieben und später als Redakteur bei der Sonntagszeitung »FAS« gearbeitet. Wie kam es dazu?

WEIDERMANN Ich hatte Frank Schirrmacher, den damals für das Feuilleton zuständigen Herausgeber, bei einem Joseph-Roth-Seminar in Heidelberg kennengelernt, ich hatte es ehrlich gesagt ein bisschen darauf angelegt. Wir haben uns gut unterhalten, und ich durfte ein Praktikum in der »FAZ«-Literaturredaktion machen. Und als dann die »Frankfurter Allgemeine Sonntagszeitung« gegründet wurde, 2001, bekam ich ein Angebot, dorthin zu wechseln.

Sie beide verbindet, wenn man das so sagen darf, schon eine gewisse Chuzpe, mit der Sie Ihr Berufsziel erreichen wollten und auch erreicht haben. Stimmen Sie zu?

WEIDERMANN Ja, man muss es wirklich unbedingt wollen. Unbedingt. Und sich auch nicht abwimmeln oder entmutigen lassen durch irgendeine Kritik. Wenn man nur so hingeht und sagt, ja, ich probiere das mal, und wenn's nichts ist, dann macht es auch nichts: Das funktioniert definitiv nicht!

Aber man muss sich auch auf Umwege einlassen und akzeptieren, dass man sein Ziel vielleicht erst später erreicht?

WEIDERMANN Ja, ich habe dieses Ziel nie aus den Augen verloren. Selbst bei der langweiligsten Mülldeponie-Reportage habe ich immer gewusst, was ich später mal machen möchte. Aber so ein Umweg ist eigentlich der direkte Weg. Ich hätte unmöglich mit der Literaturkritik gleich anfangen können. Ich musste mit dem Allgemeinen beginnen, ich musste das journalistische Schreiben wirklich erst mal lernen.

HAGE Für mich war die »FAZ« dieser Umweg. In den Sechzigerjahren war das Feuilleton der »Zeit« das Leitmedium überhaupt. Und schon damals hatte ich als junger Leser dieses Feuilletons den geheimen Wunsch, eines Tages Literaturchef der »Zeit« zu werden. Aber dann holte mich erst einmal Reich-Ranicki nach Frankfurt. Elf Jahre später klappte es mit dem »Zeit«-Traumjob. Aber wenn man endlich dort gelandet ist, wo man unbedingt hinwollte, dann ist es manchmal gar nicht so doll. Nach sechs Jahren ging es weiter zum SPIEGEL. Dort habe ich 22 Jahre lang sehr gern gearbeitet.

Kann es sein, dass Ihre Generation, Volker Hage, es leichter hatte, in den journalistischen Beruf einzusteigen, als das bei späteren Generationen der Fall war?
HAGE Das kann ich nicht objektiv beantworten. Die Befürchtung, dass man sowieso keinen Job bekommt, gab es schon damals.

Aber Sie haben nicht mit 500 Erstsemestern zusammen angefangen, Germanistik zu studieren?
HAGE Nein, so hoch waren die Zahlen 1969 nicht. Aber Germanistik war natürlich schon damals die Anlaufstation für all jene, die nicht so richtig wussten, was sie mal werden sollten. Ich dagegen wusste das ganz genau.

WEIDERMANN Für mich waren diese ersten Jahre an der Uni total entmutigend. Ich habe 1990 in Heidelberg angefangen, bin ein Jahr in Schottland gewesen und dann

1994 nach Berlin gegangen. Eigentlich wurde einem ständig gesagt, dass man da draußen keine Chance haben würde.

HAGE Hattest du nie einen Professor, der dich gefördert hat?

WEIDERMANN Es gab in Heidelberg einen Akademischen Oberrat, Gerhard vom Hofe, der erst einmal selbst so begeistert war, einen so emphatischen Lehrenden habe ich nie wieder erlebt. Und der hat mich dann tatsächlich auf die Spur gebracht, der hat mich ins Literaturarchiv nach Marbach geschickt, er hat meine Texte gelesen und erkannt, dass die vielleicht doch eher journalistisch und nicht wissenschaftlich geschrieben waren.

Wer sich als junger Mensch für Literatur begeistert, will vielleicht gar kein Kritiker werden, sondern Schriftsteller. Warum sind Sie beide diesen Weg nicht gegangen?

HAGE Also, das Vergnügen, zu erzählen, schließt sich ja mit der Kritik nicht völlig aus. Aber ich verrate hier mal, dass ich als junger Mann mit 21 Jahren meinen ersten Roman geschrieben habe, der dann zum Glück nicht veröffentlicht worden ist. Und als ich ein paar Jahre später zur »FAZ« ging, habe ich das Projekt Schriftstellerei auf die Zeit nach meiner Kritikerarbeit vertagt.

WEIDERMANN Für mich kam das nie infrage. Ich habe nicht einmal heimlich geschrieben. Ich habe die allergrößte Bewunderung fürs Schreiben und für die Schriftstellerei, aber mir fehlt allein schon die Fantasie, um so etwas zu machen.

Wenn man sich also gegen die Literatur und für die Kritik entscheidet, hat man wahrscheinlich Vorbilder, denen man nacheifert. Wer war das bei Ihnen beiden? Marcel Reich-Ranicki?

HAGE Ja, unbedingt, aber natürlich gab es auch noch andere Vorbilder.

WEIDERMANN Ebenfalls Reich-Ranicki, nicht so sehr wegen seiner aktuellen Zeitungskritiken, sondern wegen seiner Bücher, seinem Band »Nachprüfungen«, zum Beispiel, oder »Über Ruhestörer. Juden in der deutschen Literatur«. Ich sage immer, dass ich eigentlich bei ihm studiert habe, mithilfe dieser Bücher. Aber sicherlich gab es noch andere: Benedikt Erenz von der »Zeit«, beispielsweise. Oder früher Willi Winkler, auch in der »Zeit«.

HAGE Hast du gerne Literaturkritiken gelesen?

WEIDERMANN Eher literaturhistorische Texte, also Texte über Bücher aus vergangenen Epochen. Es hat eine ganze Weile gedauert, bis ich mich um Gegenwartsliteratur gekümmert habe.

Aber als Literaturredakteur schreibt man doch hauptsächlich über Neuerscheinungen.

WEIDERMANN Ja, ich musste mich dem dann auch annähern. Dein Artikel, Volker, über die Enkel von Günter Grass, also nach seinem Nobelpreis 1999, war für mich wichtig. Das war die Zeit, in der ich schreibend die aktuelle Literatur für mich, wenn man so will, erobert habe, und das war damals ja auch eine tolle Aufbruchszeit.

HAGE Bei meinem ersten Chef, Marcel Reich-Ranicki – er war kein einfacher Chef, aber einer, bei dem man viel gelernt hat –, spielte es schon eine wichtige Rolle, dass man sich bei den Gegenwartsautoren und in der Literaturszene gut auskannte. Sonst hätte ich den Job dort gar nicht bekommen.

Heißt das auch, dass man die Autoren persönlich kennen musste?

HAGE Nun, das ist eine alte, knifflige Frage: Ist man befangen, wenn man einen Schriftsteller zu gut kennt? Wenn man von seinen Plänen und Projekten weiß? Beim Urteilen über ein Buch will man ja unabhängig bleiben, darf sich davon nicht beeinflussen lassen. Vor allem dann nicht, wenn ein neues Buch des Autors misslungen ist.

WEIDERMANN Und wie schön, dass es 20 Jahre später gar keine knifflige Frage mehr war.

HAGE Marcel Reich-Ranicki war da ganz entschieden: Das macht man nicht. Man liest die Bücher, trifft aber möglichst nicht den Autor, jedenfalls nicht, wenn man über dessen Bücher schreiben will. Es gibt den berühmten Fall von Siegfried Lenz, der Reich-Ranicki nach dessen Ankunft in Deutschland sehr geholfen hatte und mit dem er eng befreundet war: Über Lenz hat Reich-Ranicki keine einzige Kritik geschrieben, was dem Schriftsteller wahrscheinlich gar nicht so lieb war. Das ist ein Standpunkt, den kann man haben, man muss aber nicht. Als ich eines Tages nach einer Amerikareise ein paar Porträts schreiben wollte, von John Updike etwa oder Philip Roth, da hat Reich-Ranicki das Gesicht verzogen. Aber ich habe es trotzdem gemacht.

WEIDERMANN Aber er war ja auch gar nicht konsequent in dieser Frage. Auch Heinrich Böll hat ihm sehr bei seiner Übersiedlung nach Deutschland geholfen. Und als Böll damals einen neuen Roman veröffentlicht hatte, schrieb Reich-Ranicki sofort einen scharfen Verriss. Jeder von uns hätte gesagt: Lass es sein, es zwingt dich doch niemand! Zwei Jahre später sind die beiden sich dann wieder begegnet. Reich-Ranicki sieht Böll schon aus der Ferne, der kommt auf ihn zu, und Reich-Ranicki fürchtet bereits einen Skandal. Aber Böll umarmt ihn einfach und flüstert ihm nur ein Wort ins Ohr: »Arschloch«.

Aber jetzt, da wir darüber reden, fällt mir schon auf, dass es auch damals Ende der Neunziger bei der »taz« noch nicht selbstverständlich war, diese Porträts zu schreiben. Ich habe das trotzdem von Anfang an sehr gern gemacht, ich habe über Terézia Mora geschrieben, über Georg M. Oswald, Michel Houellebecq und viele andere.

HAGE Und war es für dich problematisch, danach über ihre Bücher zu schreiben?

WEIDERMANN Am Anfang ja, wenn mir ein Buch nicht gefallen hätte, hätte ich mich wahrscheinlich gar nicht mehr geäußert. Aber das lässt sich mit der Zeit nicht mehr aufrechterhalten. Irgendwann kennen sich ja alle und jeder kennt jeden. Dann gehört es einfach zur Aufrichtigkeit, die Leute entweder zu loben oder scharf zu kritisieren. Aber etwas Befangenheit bleibt natürlich trotzdem, das will ich nicht bestreiten.

HAGE Es bringt dem Rezensenten ja auch wichtige Erkenntnisse, wenn er zum Beispiel den Roman eines Autors schon bei der Entstehung kennenlernt, wenn er im Gespräch mit ihm Zusammenhänge erkennt, die er sonst nicht erkannt hätte.

WEIDERMANN Es gibt ja keine Kritikerpolizei, zum Glück. Alles, was mir das Buch reicher erscheinen lässt, gebe ich doch gerne weiter. Man kann auch offenlegen, dass einem etwas nicht selbst eingefallen ist, sondern im Austausch mit dem Autor deutlich wurde. Das ist alles legitim.

Reich-Ranicki hat noch großen Wert auf die klassische Form der Rezension gelegt. Die stirbt heute aus, oder?

WEIDERMANN Es wird weniger, ja. Manchmal gehen sogar mir diese Mischformen zu weit. Ehrlich gesagt nervt es mich auch als Leser: Ich möchte nicht jeden Autor treffen, nein. Viele von den jüngeren Autoren sind auch nicht so interessant, zumal, wenn man noch keine große Biografie vorzuweisen hat. Man muss sich als Kritiker schon genau fragen, warum man jemanden treffen will.

HAGE Verliert die Form der Rezension nicht auch deswegen langsam ihre Bedeutung, weil einfach immer weniger Zeitungen über Literatur berichten?

WEIDERMANN Ich glaube, es ist unstrittig, dass Literatur an sich in der Gesellschaft an Bedeutung verliert. Aber es gibt leider auch nur noch sehr wenige Rezensenten heute, die so klug und unterhaltsam schreiben, wie es unser großes Vorbild Reich-Ranicki gemacht hat. Und wenn dieses geschützte Rezensionswesen in einigen Tageszeitungen überhaupt noch existiert, dann wird der Raum häufig nur dafür genutzt, langweilige Texte dahinzustellen, die in keinem Wettbewerb mit dem übrigen Feuilleton standhalten könnten.

Geht die Zahl der Rezensionen auch deswegen zurück, weil die Leser kein Interesse mehr an dieser Form haben?

HAGE Jedenfalls ein geringeres als an der Form des literarischen Porträts, das ist bestimmt so.

WEIDERMANN Die »FAZ« hat, wie der SPIEGEL übrigens auch, eine Zeit lang mit dem Readerscan, also einer elektronischen Messung, das Interesse der Leser an ihren Texten erforscht. Und Rezensionen kommen dabei immer ganz schlecht weg. Das Ergebnis lag praktisch bei null. Es ist ja auch viel schwieriger, einen lebendigen Text über etwas nur Gedrucktes zu schreiben. Die Leser wollen Storys über Menschen.

HAGE Das alles führt dazu, dass viele Zeitungen keine Verrisse mehr haben wollen, nur Lobhudeleien.

WEIDERMANN Ja, das ist ein Desaster, viele Zeitungen wollen nur noch Empfehlungen. Das schadet der Dynamik jedes Textes enorm.

HAGE Ein Lob ist allerdings auch nichts wert, wenn man nichts mehr kritisiert.

Es hat sicherlich keinen Sinn, die Bücher unbekannter Autoren zu verreißen. Andererseits gibt es auch nur noch wenige Autoren, die schon so arriviert sind, dass sie diesen Schutzanspruch nicht mehr genießen sollten.

HAGE Ja, davon gab es früher sicher mehr. Da gab es den neuen Böll, den neuen Frisch, den neuen Grass, Lenz oder Walser, den man selbstverständlich kritisieren konnte und musste. Da wollte auch jeder wissen, ob das neue Buch etwas taugt.

Für welche Autoren gilt das denn noch heute?

WEIDERMANN Für die Leser der älteren Generation der neue Botho Strauß, der neue Peter Handke vielleicht.

Und das neue Buch von Juli Zeh für die jüngere Generation?

WEIDERMANN Ja, zum Beispiel, oder Daniel Kehlmann, von Schirach. Als Kritiker leidet man inzwischen daran, dass es nur noch eine kleine Zahl von Autoren gibt, die in diese Kategorie gehören, die so prominent sind, dass ein Urteil über ihre neuen Bücher von den Lesern erwartet wird.

Wenn Sie, Volker Weidermann, Bücher für das Literarische Quartett im ZDF auswählen: Nach welchen Kriterien verfahren Sie?

WEIDERMANN Das Ziel ist natürlich eine gute Mischung, man darf da nicht zu esoterisch sein, Populäres muss sich mit weniger Bekanntem mischen. So viele Büchersendungen gibt es ja nicht im deutschen Fernsehen. Das Angebot von Neuerscheinungen ist außerdem gigantisch. Selbstverständlich kann man sich vornehmen, mal einen ukrainischen Autor, den kaum jemand kennt, zu behandeln. Aber allzu viel von dieser Kategorie geht sicherlich auch nicht.

Zumal man dann wieder das Problem hat, dass man einen Unbekannten nicht verreißen kann, also wird die Sendung schlagartig weniger kontrovers und weniger unterhaltsam.

WEIDERMANN Das wäre ja absurd: Sie kennen diesen Mann nicht und der schreibt auch noch schlechte Bücher? Nein, das geht nicht.

HAGE Das ist ja auch eine Frage, wie die Kritiker miteinander umgehen. Diesen großen Streit um Literatur vermisse ich heute allgemein, nicht nur im Fernsehen.

WEIDERMANN Das waren vielleicht auch andere Zeiten. Bei Reich-Ranicki ging es beim Streit um Literatur immer gleich um existenzielle Fragen, sozusagen um Leben und Tod. Davon kann heute keine Rede mehr sein. Und das kann man auch nicht simulieren.

Gehen die Kritiker heute netter miteinander um?

HAGE Mein Eindruck ist das schon. Früher gab es fast zwangsläufig die großen Konflikte bei prominenten Neuerscheinungen: Der Kritiker der »SZ« fiel über den der »FAZ« her, wenn ihm seine Meinung nicht passte, der Kritiker der »Zeit« über den des SPIEGEL – und umgekehrt. Das hat nachgelassen.

WEIDERMANN Dabei waren das fast alle Schüler von Reich-Ranicki, also desselben Lehrers. Ich weiß es auch nicht, warum es heute diese Rituale, diese Auseinandersetzungen über Literatur, nur noch so selten gibt. Diejenigen, die heute in den großen Blättern über Literatur schreiben, haben tatsächlich alle fast gleichzeitig angefangen: Ijoma Mangold von der »Zeit«, Felicitas von Lovenberg von der »FAZ«, heute Chefin des Piper Verlags, Richard Kämmerlings, mit dem ich am selben Tag bei der »FAZ« begonnen habe, Gerrit Bartels vom »Tagesspiegel« in Berlin. Wir kennen uns alle, wir haben alle die gleiche

Bewunderung für die Literatur, auch wenn wir nicht immer die gleiche Haltung haben. Ijoma Mangold, zum Beispiel, hat einen eher konservativeren Kanon mit Autoren wie Martin Mosebach und Botho Strauß, ich dagegen einen eher journalistischen, amerikanischen.

Machen Sie beide einen Unterschied zwischen der beruflichen Lektüre von Literatur und der privaten? Also: Lesen Sie anders, wenn Sie wissen, dass Sie über dieses Buch nicht schreiben müssen?

HAGE Natürlich stellt sich die Frage: Kann man als Kritiker noch lustvoll lesen, ohne Verwertungszusammenhang? Das ist für mich tatsächlich immer schwieriger geworden. Kaum stolpere ich irgendwo über einen tollen zitierbaren Satz, streiche ich ihn schon an, obwohl ich eigentlich nur Ferienlektüre vor mir habe.

WEIDERMANN Ach, so machst du das? Wenn du bei Schnitzler einen schönen Satz gefunden hast, dann notierst du den gleich, um ihn später irgendwo zu zitieren? Hast du ein Büchlein dafür?

HAGE Ja, habe ich auch.

WEIDERMANN Also ich habe tatsächlich im Urlaub auch gern mal ein paar Balzac-Bände dabei, aber da schreibe ich nichts ab, ich habe auch keinen Bleistift, mit dem ich etwas anstreiche. Ich bin wirklich sehr glücklich darüber, dass ich immer noch so gern lese, obwohl ich beruflich so viel lesen muss.

Aber bei zeitgenössischer Literatur sollte man dann doch immer daran denken, dass man sie irgendwann beurteilen muss?

WEIDERMANN Ja, das nervt. Man muss so viel anfangen zu lesen und bricht dann immer wieder ab, weil es einem nicht gefällt. Da haben es die Bücher auch manchmal schwer.

Wenn man fürs Quartett auswählen muss und nach 20 Seiten immer noch nichts Bemerkenswertes geschehen ist, greift man notwendigerweise gleich zum nächsten Titel. Das ist dann schon blöd.

Viele Leser fragen sich ja, wie die Kritiker diese große Menge von Büchern überhaupt verarbeiten können.

WEIDERMANN Und da kommt man zu der tollen Erkenntnis: Alles geht immer schneller in dieser Welt, aber das Lesen eben nicht. Man kann das nicht beschleunigen. Ich kann ja auch nicht schneller denken, nur weil ich es möchte.

HAGE In den Sechzigerjahren gab es mal so eine Schule »Schneller lesen«, das ging tatsächlich schneller …

WEIDERMANN Hast du das mal gemacht?

HAGE Ja, das funktioniert, wenn man sich extrem konzentriert. Aber in dem Moment, in dem man ins Träumen kommt, geht es natürlich nicht mehr. Wir haben ja ein großes Problem: Wenn wir als Kritiker lesen, lesen wir immer auf ein Urteil zu, auf zitierbare Sätze. Dabei hat Peter Handke mal gesagt: »Die besten sind jene Bücher, die einen immer wieder dazu bringen, innezuhalten, aufzuschauen, gegenzuschauen, tief einzuatmen, sich von der Sonne bescheinen zu lassen, auch wenn diese nicht scheint.«

WEIDERMANN Das ist ja sehr schön!

HAGE Mit anderen Worten: Wenn man ins Träumen gerät, wenn man anfängt, eigene Fantasien zu haben, dann ist das Lesen schön. Das darf man aber nicht, wenn man streng für eine Rezension liest und arbeitet. Sonst braucht man die dreifache Zeit für die Lektüre.

WEIDERMANN Ach, das geht schon. Wenn mich ein Buch wirklich gefangen nimmt und begeistert, dann vergesse ich für einen Moment alles, auch wenn ich darüber schreiben will. Sicherlich ist es lästig, dass man ab und zu etwas unterstreichen muss, weil man es zitieren will. Aber dieses Abschweifen gehört auch zum kritischen Lesen dazu. Ich habe übrigens mal eine Reaktion von Peter Handke bekommen, die mir sehr gefallen hat. Handke schrieb mir in seiner kleinen, kritzeligen Schrift: »Sie sind erkennbar ein Leser.« Ist das nicht schön?

HAGE Wunderbar!

WEIDERMANN Und wie ist das mit dir, hast du auch noch etwas Selbstlob beizusteuern?

HAGE Bestimmt. Aber vorher will ich dich noch fragen: Welche Erfahrungen hast du sonst mit Autoren gemacht, die sich bei dir bedanken oder auch beschweren?

WEIDERMANN Das Schöne ist, dass die Autoren, die sich auf das Empörteste über meine Kritik echauffiert haben, ob das nun Wondratschek, Simmel oder Botho Strauß war, dass also dieselben Autoren häufig nach ein paar Tagen von ihren Lesern Gratulationen und eine ganz andere, viel positivere Deutung meiner Kritik bekamen. Und es gab unter diesen Autoren eigentlich keinen, der dann nicht irgendwann später meinte: Habe ich mich vielleicht getäuscht?

HAGE Nachdem ich 1992 ein Porträt über Walter Kempowski für den SPIEGEL geschrieben und sein Riesenwerk »Echolot« begeistert begrüßt hatte, erhielt ich einen der rührendsten Briefe, die ich als Kritiker je von einem Schriftsteller bekam. Es komme ihm so vor, als sei er jetzt erst »angekommen«, schrieb Kempowski. Und geradezu pathetisch: »Jetzt weiß ich es, Sie haben für mich zusammengezogen und formuliert, zu was ich da bin und was ich bin.« Das habe ich nie vergessen.

Sie beide bekommen von den Verlagen Massen von Rezensionsexemplaren der literarischen Neuerscheinungen

zugeschickt. Wie gehen Sie damit um? Nach welchem System heben Sie Bücher auf?

HAGE Natürlich Klassiker, Bücher, die ich schätze, schöne Ausgaben, Gesamtausgaben.

WEIDERMANN Ich mache es genauso. In Berlin habe ich jetzt inzwischen drei Büros, in denen meine Bücher stehen. Es ist einfach wichtig, dass ich von den Autoren, die ich von Anfang an kritisch begleitet habe, auch alle Titel zur Verfügung habe. Gerade wenn ich noch mal über sie schreibe.

HAGE Dazu kann ich etwas sagen, weil ich ja schon nicht mehr als Kritiker arbeite. Ich habe damals auch von allen wichtigen zeitgenössischen Autoren eigentlich alles aufgehoben. Wenn man aber jetzt zu Hause die große Bibliothek noch mal durchgeht, weil man ja nicht alles aufheben kann, dann sagt man sich bald: Über den oder den muss ich jetzt sowieso nicht mehr schreiben. So fällt es einem auch leichter, sich von diesen Büchern zu trennen. Ich nenne keine Namen, aber dann siebt man schon aus.

WEIDERMANN Das mache ich jetzt schon so. Wenn ein Autor nur ein gutes Buch am Anfang geschrieben hat und danach nur noch drei Schrott-Bücher, dann kann ich auch alles gleich aussortieren. Ich brauche den Platz für anderes.

Dann kommen die Bücher, die einst mit so viel Herzblut geschrieben wurden, zum Bücherflohmarkt oder gar ins Altpapier?

WEIDERMANN Das bleibt ja dann nicht aus, ja.

Das Gespräch wurde moderiert von Martin Doerry.

»JA, WIR BRAUCHEN DAS TRÄUMERISCHE«

Sie sind das erfolgreichste Geschwisterpaar
der deutschsprachigen Gegenwartsliteratur:
Eva und Robert Menasse sprechen in ihrem ersten
gemeinsamen Interview über Familienmythen,
politisches Schreiben und erfundene Wahrheiten.

Sie, Frau Menasse, leben in Deutschland und haben den Österreichischen Buchpreis gewonnen. Sie, Herr Menasse, leben in Wien und haben den Deutschen gewonnen. Hilft Ferne bei der Anerkennung?

ROBERT MENASSE Also wär meine Anerkennung in China am größten. Aber das ist ja nachweislich nicht der Fall.

Aber Ihre Werke, Herr Menasse, wurden in der österreichischen Presse von Anfang an besonders kritisch oder besser: ablehnend rezipiert, während sie in Deutschland von Anfang an sehr wohlwollend oder begeistert besprochen wurden.

EVA MENASSE Das war bei mir genauso.

ROBERT MENASSE Das hat nichts mit mir zu tun. Das ist die allgemeine Künstlerfeindlichkeit, die in Österreich herrscht.

EVA MENASSE Ich glaube nicht, dass das eine allgemeine Kunstfeindschaft ist, sondern typisch für ein kleines Land, das funktioniert wie ein Dorf. Man kennt einander, und wenn einer Erfolg hat, denken die anderen: Das kann doch nicht sein! Der Soundso, den man immer schon kennt.

ROBERT MENASSE Aber es ist doch bekannt, dass Österreich sich als Kulturnation bezeichnet, weil es tote Künstler für den Fremdenverkehr ausbeutet. Aber gegen lebende Künstler gibt es immer Misstrauen, Ressentiment, und manchmal geradezu Hass. Man muss tot sein, dann lassen sie dich hochleben. Zum Beispiel Thomas Bernhard. Der wurde ja täglich von Politikern, Journalisten oder Leserbriefschreibern in die Psychiatrie eingewiesen, beschimpft oder des Landes verwiesen. Und kaum war er tot, war er Kult. Heute gilt er in Österreich als der bedeutendste Autor des 20. Jahrhunderts. Und wenn heute in einer österreichischen Zeitung ein Text von mir erscheint, gibt es sofort Hunderte Postings: Nach Thomas Bernhard brauchen wir so einen überschätzten Autor wie Menasse nicht. Gestern erschien ein Interview mit mir in der österreichischen Zeitung »Standard«. Ein Leser postete ein Bernhard-Zitat, um zu zeigen, dass der Bernhard das alles schon viel besser gesagt hat. Lustig daran ist nur: Das Zitat war von mir!

EVA MENASSE Ich glaube trotzdem, dass das kein Österreich-Spezifikum ist. Dazu tendieren Gesellschaften. Ich habe immer das Gefühl gehabt, im Unterschied zu Deutschland kann man die Nachfolgestaaten der k. u. k.-Monarchie miteinander vergleichen. Also Tschechien, Ungarn, Österreich. Da hat die Politik qua Kaiserreich immer etwas Theatralisches gehabt. Dadurch ist auch die Kunst politisch, etwas, das gesellschaftlich wirkt. Während das in Deutschland zwei streng getrennte Genres sind.

Frau Menasse, Sie halten für Martin Schulz Wahlkampfreden und duzen sich mit dem Bundespräsidenten. Ihr letztes Buch, der Erzählungsband »Tiere für Fortgeschrittene«, ist im Gegensatz zu dem Europaroman Ihres Bruders auf den ersten Blick unpolitisch. Trennen auch Sie auf deutsche Weise die beiden Sphären streng voneinander?

EVA MENASSE Ich lese bei Veranstaltungen oft aus der Erzählung »Haie« vor, da geht es um ein ausländisches Kind, das in der Schule gemobbt wird. Und die Leser empfinden diese Geschichte als eminent politisch. Mich interessiert am Erzählen, was gesellschaftlich relevant ist, erst mal ohne Botschaft. Mich interessiert auch nur Literatur, die ich so lesen kann, aus der ich irgendwas lerne über die Welt. Aber tatsächlich einen politischen Roman zu schreiben wie du, Robert – das ist mir noch nicht eingefallen.

Herr Menasse, haben Sie schon Wahlkampfreden gehalten, wie Ihre Schwester?
ROBERT MENASSE Nein, ich engagiere mich nicht für Parteien. Sondern für Ideen. Natürlich erwarte ich mir von den Sozialdemokraten mehr als von den Freiheitlichen oder den Christdemokraten. Freiheitlich hat ja mit Freiheit so viel zu tun wie schönheitlich mit Schönheit. Und was die Christdemokraten betrifft: Politik mit Religion zu verbinden finde ich grundsätzlich unaufgeklärt, im langen Schatten der Geschichte des politischen Katholizismus bedenklich, und es schwächt, wenn wir das normal finden, unsere Kritik am politischen Islam. Aber ich habe durchaus große Hochachtung vor Menschen, die im Sinne der von Jesus gepredigten Nächstenliebe ihr Engagement nicht an die große Kirchenglocke hängen. Wie auch immer: Parteipolitisch engagiere ich mich nicht. Nie. Aber politisches Engagement im Sinne einer Idee ist mir wichtig, und ich finde, das gehört auch zum Amt des Schriftstellers dazu. Das Problem der engagierten Literatur ist allerdings, dass dieser Begriff im 20. Jahrhundert völlig desavouiert worden ist. Es hat sich durchgesetzt, man kann sagen, nach der Russischen Revolution, dass politisches Engagement bedeutete: parteipolitisches Engagement. Das ging so von den Autoren, die in die Sowjetunion gereist sind und als Kommunisten zurückgekommen sind, bis zu Günter Grass mit seinem Engagement für die Sozialdemokratie. Emile Zola, das erste große Exempel für einen politisch engagierten Intellektuellen, war keiner Partei verpflichtet, sondern der Wahrheit, dem Anstand und dem Gewissen.

Dieses Rollenbild wurde im 20. Jahrhundert durch die Gleichsetzung von politisch und parteipolitisch unselig verballhornt. Mit dem Tod von Günter Grass ist wieder eine Zäsur eingetreten. Der letzte parteipolitische Romantiker hat die Bühne verlassen, jetzt ist Platz für jene, die die Rolle neu interpretieren, mit Rückgriff auf ihre ursprüngliche Bedeutung.

Ihnen, Frau Menasse, war Günter Grass immer nah, oder?
EVA MENASSE Ich finde, dass man dem Grass unrecht tut. Er hat die SPD niemals bedingungslos unterstützt. Er ist aus der SPD ausgetreten, hat der Partei mehr Ärger und Stress gemacht als irgendein anderer prominenter Unterstützer. Sie wären oft froh gewesen, er hätte endlich mal Ruhe gegeben.

Er hat aber Wahlkampf für eine Partei gemacht und nicht für seine eigenen Ideen, für sich, sein Werk, seine Utopien.
EVA MENASSE Ja, für Willy Brandt hat er das ursprünglich gemacht. Und das war auch eine besondere Zeit. Sein Buch »Aus dem Tagebuch einer Schnecke« ist ein Meilenstein. Ich will einfach nicht immer den ganzen Grass in die Tonne getreten sehen.
ROBERT MENASSE Ich bewundere ihn als Romancier. Als der war er für mich sehr wichtig in einer Zeit, als das Erzählen unter Trivialitätsverdacht stand, was ja grotesk ist. Die verrückten Siebzigerjahre. Da musste man dekonstruieren. Thomas Bernhard hat damals gesagt: »Wenn ich sehe, dass eine Erzählung über den Hügel reitet, dann knalle ich sie ab!« – und Germanistik und Feuilleton haben gejubelt. Da hat Grass in seiner Beharrlichkeit, mit der er auf dem Erzählen insistiert hat, für mich eine eminent wichtige Rolle gespielt. Aber die Fußfessel, mit der er an die Sozialdemokratie gekettet war, fand ich, bei aller Sympathie

für die Sozialdemokratie, sehr problematisch. Engagement ist für mich einerseits Kritik an bestehenden Verhältnissen. Und andererseits das Eintreten für eine Idee, wie zum Beispiel die europäische Idee. Diese Idee droht ja jetzt in unproduktiven Widersprüchen stecken zu bleiben, weil die Verantwortlichen die Gründungsidee vergessen haben. Und weil sie in einem Pragmatismus feststecken, der nachweislich Krisen produziert und keine löst. Und wenn ein Europapolitiker wie Martin Schulz antritt, dann erwarte ich mir von ihm einen ganz anderen Wahlkampf als den, den er geführt hat. Da kann es für einen engagierten Autor keine Parteisolidarität geben, sondern nur Solidarität zu einer faszinierenden Idee.

EVA MENASSE Ich bin ja kein Mitglied einer Partei, ich kann hier in Deutschland auch nicht wählen. Aber ich habe mich damals für Rot-Grün engagiert, weil mir das Runterschreiben dieser Regierung 2005 so gegen den Strich gegangen ist. Anders als die Grünen hat die SPD einfach den Kontakt zu mir gehalten. Da haben die Grünen in Deutschland ein strukturelles Problem. Die haben offenbar nicht so eine Kulturabteilung wie das Willy-Brandt-Haus, das kontinuierlich einlädt zu Diskussionen, zu Hintergrundgesprächen. Es gab auch ein paar Treffen von Martin Schulz mit Künstlern – in früheren Jahren mit Steinmeier, Steinbrück, mit Gabriel. Da gehe ich hin, weil mich das interessiert. Ich würde auch hingehen, wenn mich die Grünen oder die CDU einladen würden. Nur tun sie das nicht.

Wie sahen diese Treffen aus? Sind die Schriftsteller da nicht nur so ein Schmuck, um an die gute alte Zeit mit Grass zu erinnern?

EVA MENASSE Ich spreche von Treffen, wo überhaupt keine Journalisten dabei sind. Und da geht es hoch her. Das ist ja das Sympathische und das Enervierende an der Sozialdemokratie, nicht nur in Deutschland, sondern überall. Dass sie so selbstkritisch ist. So dialogisch. So läuft das auch bei diesen Treffen. Da wird herumgeschrien und diskutiert und der Schulz mittendrin.

ROBERT MENASSE Der Schulz will sich sicher nicht schmücken. Der will wissen. Das muss man anerkennen.

Herr Menasse, die Grundthese Ihres Romans ist: Europa ist unter die Pragmatiker gefallen. Die Pragmatiker haben die Krise verursacht und sie werden sie nicht lösen. Sondern wir brauchen Träumer und Utopisten.

ROBERT MENASSE Ja, wir brauchen das Träumerische! Das aber erfahrungsgesättigt ist. Das war ja die Stärke der Gründergeneration. Was die damals auf die Schiene gestellt haben, ist so viel schwieriger und komplizierter gewesen als alles, was heute notwendig wäre, um die Krise in Europa zu lösen. Das war wirklich kühn. Rein pragmatisch denkend wäre das damals nicht möglich gewesen. Glauben Sie, dass es einfach war, das französische Parlament davon zu überzeugen, Souveränitätsrechte abzugeben und mit den Deutschen zu teilen, unmittelbar nachdem sich die Franzosen von der deutschen Nazibande befreit hatten? Im Vergleich dazu sollte die Umsetzung der Ideen von Macron ein Kinkerlitzchen sein.

Woher sollen die Erfahrungen der Träumer von heute kommen?

ROBERT MENASSE Man könnte ja die Erinnerung daran wachhalten, was die Erfahrung der Gründergeneration war, und die so simple wie geniale Konsequenz, die sie daraus gezogen haben: Der Nationalismus hat die europäische Zivilisation zerstört, und wir bauen jetzt einen nachnationalen Kontinent auf. Aber das ist nicht geschehen.

Ihre Vätergeneration, so haben Sie es mal geschrieben, hat das Nicht-Erleben zu einem Synonym für Glück erklärt. Erleben, das war Krieg und Verfolgung, und Glück war, nichts erlebt zu haben.

ROBERT MENASSE Ja, unser Privileg ist es gewesen, dass wir die Vernichtung von aller Humanität im Namen von Nationalismus und Rassismus nicht erleben mussten, aber gleichzeitig ist uns das alles ja bekannt. Deshalb war Helmut Kohl ein großer Europapolitiker. Weil er die rauchenden Trümmer gesehen hat, er hat die zerstörte Zivilisation gesehen, die der Nationalismus in Europa produziert hat. Oder Mitterrand. Der in seiner bewegenden Abschiedsrede vor dem Europäischen Parlament ohne Manuskript, frei redend vor den Parlamentariern, gesagt hat: Le Nationalisme, c'est la guerre. Sie wussten noch, worum es ging.

Deshalb war das Auftauchen Macrons ja für viele so ein Schock, ein positiver Schock, weil er das Gemeinsame, Gemeinschaftliche wieder in eine Erzählung gefasst hat.

EVA MENASSE Das ist das Faszinierende an ihm: dass ihm das wirklich gelingt. Bei den osteuropäischen Staaten kann man ja verstehen, dass sie jetzt wegdriften. Die können jetzt endlich von Herzen nationalistisch sein, nachdem sie dem Ostblock entkommen sind.

ROBERT MENASSE Da bin ich ganz anderer Meinung. Die Nationalisten aus den osteuropäischen Staaten haben das Habsburger Reich in die Luft gesprengt. Dieses multiethnische politische Gebilde ohne Nationsidee, aber mit einem gemeinsamen Rechtszustand und einer aufgeklärten Verwaltung hat die in die Luft gesprengt, hat damit einen zweiten Dreißigjährigen Krieg ausgelöst und hat seit damals, seit sie also ihre Nationen bilden konnten, nicht einen einzigen Tag in größerer Freiheit, größerer

Rechtssicherheit und größerem Wohlstand gelebt als zuvor in der Habsburger Monarchie. Im Gegenteil. Und Wohlstand, Rechtssicherheit und Freiheit sind erst wiedergekehrt, als sie in die nachnationale Gemeinschaft der EU eingetreten sind. Das müsste ihre Erfahrung sein. Und deswegen verstehe ich nicht, warum sie jetzt diese Übergangszeit brauchen, um noch einmal zu versuchen, ihre verschissenen kleinen Nationen zu bilden, mit denen sie nachweislich keine guten Erfahrungen gemacht haben. Aber der Nationalismus ist halt ein Nervengift. Das tröpfelt in die Köpfe der Menschen ein, die eine Sehnsucht haben nach einem solidarischen Zusammenhang. Aber das kann nicht funktionieren. Millionen Tote sind stumme Zeugen. Und es wird nie funktionieren. Deshalb ist mir das überhaupt nicht verständlich. Weil ich der Meinung bin, auch ein ungarischer oder polnischer Politiker könnte das sagen und könnte mit der Intelligenz von Wählern rechnen.

Was brauchen wir?

EVA MENASSE Keine Ahnung. Ich versuch nur zu verstehen, warum das so ist.

ROBERT MENASSE Was wir brauchen? Einen Roman. Viele Romane. Eine neue Comédie Humaine. Man muss es erzählen. Man muss Realität erzählen. Gewordenheit erzählen. Man muss seine Zeitgenossenschaft reflektierend erzählen.

EVA MENASSE Aber es liest doch keiner mehr Bücher.

ROBERT MENASSE Ich wär da nicht so pessimistisch. Ich bin ja nicht egozentrisch, aber hier muss ich mich als Beispiel wichtigmachen: Ich wäre nicht der, der ich bin, wenn ich nicht Romane gelesen hätte. Wenn ich nur die Erfahrung hätte, die ich habe, minus meine Leseabenteuer, also vom Internat und vom 3. Bezirk in Wien, dann wäre ich vielleicht auch ein Freiheitlicher. Ich habe in der Schule Gewalt kennengelernt. Ich hatte Sehnsucht nach Schutz, nach Solidarität, nach all dem, was die Führer versprechen. Aber durch das Lesen von Romanen, von Weltliteratur, kriegt man einfach eine andere Welthaltung.

Lassen Sie uns über Geschwisterliches sprechen. Sie beide sind Halbgeschwister …
ROBERT MENASSE Geschwister, bitte.
EVA MENASSE Wir wehren uns gegen dieses schreckliche Wort Halbgeschwister, wir finden das blöd.
ROBERT MENASSE Das ist wie Halbjude. Auch so ein blöder Begriff. Wir sind Geschwister. Und haben uns auch immer so gesehen.

Aber Sie sind unterschiedlich alt und also nicht gemeinsam aufgewachsen. Aber es gab immer engen Kontakt zwischen Ihnen?
EVA MENASSE Ja, seit ich schreiben kann.
ROBERT MENASSE Schon früher. Seitdem du Geschichten zuhören konntest.
EVA MENASSE Es gibt ein herrliches Foto von uns, da bist du 18 und ich bin zwei und ich sitz auf deinem Knie. Der Robert ist ja nach Brasilien gegangen, als ich zehn war. Unsere Briefe damals gehören zu meinen großen Kindheitserinnerungen. Das war damals noch wahnsinnig kompliziert, weil das ja Luftpostbriefe waren, sehr teuer und ewig lang unterwegs. Aber alle paar Monate ist so ein Luftpostbrief an mich aus São Paulo gekommen. Auf diesem ganz dünnen Luftpostpapier. Das waren Ereignisse. Ich erinnere mich besonders an einen Brief von dir. Du hast mich immer gefragt, wie es mir in der Schule geht und was ich da mache. Da habe ich mich bei dir beschwert, dass mein Deutschlehrer mir eine schlechte Note für

einen Aufsatz gegeben hat, weil ich darin Wörter unterstrichen habe.

Besonders schöne Wörter, bedeutende Wörter?

EVA MENASSE Wichtige Wörter. Darüber habe ich mich bei Robert beklagt, darauf hat er mir einen Brief zurückgeschrieben, in dem er das Unterstreichen der Worte verteidigt hat, und er hat immer mehr unterstrichen und ganz am Schluss, das letzte Wort, das war dann fünf Mal unterstrichen. Ich habe so gelacht damals. Er war der große Bruder, der mich aus der Ferne unterstützt hat bei meinen ersten Verzweiflungen in der Schule.

Gegen die Autoritäten.

ROBERT MENASSE Ich kann mich erinnern, dass du mir Aufsätze geschickt hast, und dann habe ich geantwortet und da bekam ich eines Tages vom Papa einen Brief, in dem er mir geschrieben hat: Robby, du sollst nicht immer die Eva für ihre Aufsätze so loben, sie glaubt womöglich auch noch, sie wird Schriftstellerin.

EVA MENASSE Die Geschichte kenn ich gar nicht.

ROBERT MENASSE Ja, er hat sich Sorgen gemacht. Er hat sich überhaupt nicht vorstellen können, dass man von der Arbeit als Schriftsteller leben kann. Und er hat Panik gehabt, dass wir in der Gosse landen.

EVA MENASSE Genau. Brotlose Kunst.

Ihr Anspruch, Herr Menasse, an sich selbst und an Ihren Roman war von Anfang an der größte. Größenwahnsinnig könnte man auch sagen. Die ganze Gesellschaft sollte abgebildet werden. Der Roman der Epoche sollte es sein. Die ganze Welt sollte nach Erscheinen des Romans eine andere sein. Da hatte sich schon was angesammelt, so an Größenfantasien.

ROBERT MENASSE Ja, wenn man jung ist und von großen Meistern fasziniert, ist man natürlich immer ein bisschen größenwahnsinnig. Wobei ich das bei mir nicht unbedingt als Größenwahnsinn bezeichnen würde, sondern in Wirklichkeit ist das ...

EVA MENASSE ... Du hast gewusst, was du willst.

ROBERT MENASSE Ja. Wissen Sie, was ich komisch finde? Wenn ein Schriftsteller sagt, er will den großen Epochenroman schreiben, sagt jeder: Junge, du bist größenwahnsinnig! Wenn aber ein Skifahrer sagt: Ich will Weltmeister werden, sagen alle: Das ist die richtige Einstellung!

EVA MENASSE Das stimmt. Aber jedenfalls hat dieses direkte und zielgerichtete Schriftsteller-werden-Wollen von dir mindestens bei unserem Vater relative Befremdung hervorgerufen, weil er sich das überhaupt nicht vorstellen konnte. Sodass ich dann schnell Journalistin geworden bin, weil ich gemerkt habe, es muss schon was mit Schreiben sein, aber es war vollkommen unmöglich, nach dir zu sagen: Papa, ich will auch ...

Der Schock des Vaters über die Berufswahl des Sohnes hat so lange nachgewirkt, dass Sie, Eva Menasse, ihm nicht ein zweites Schriftstellerkind zumuten konnten ...

EVA MENASSE Ja, Journalistin, das war in unserer Familie, die auch von im Kaffeehaus sitzenden, zeitunglesenden Juden geprägt war, ein extrem angesehener Beruf. Eins der Bilder meiner Kindheit ist: unser Vater, der abends im Bett liegt mit weißen Baumwollhandschuhen und die »Variety« liest. Er war ja in der Filmwirtschaft. Und die »Variety« kam aus Los Angeles mit der Post und die Druckerschwärze färbte so wahnsinnig ab und dann hat er sich immer diese Handschuhe angezogen und die »Variety« gelesen. Er hat eigentlich immer Zeitung gelesen. Und eine Visitenkarte mit einer Zeitungsredaktion drauf und dem Namen seiner Tochter, das hat ihm sehr gut gefallen. Sein Schock ist dann gekommen, als ich ihm gesagt habt: Du, ich habe einen Roman begonnen und werde jetzt bei der Zeitung kündigen. Da hat er dann den schönen Satz gesagt, den er bis heute im Scherz gern wiederholt: Drei Kinder, zwei Schriftsteller! Womit hab ich das verdient?

Was macht eigentlich Nummer drei der Menasses?
EVA MENASSE Die jüngste Schwester ist aus der Reihe geschlagen und ist Naturwissenschaftlerin. Sie hat Biologie studiert.
ROBERT MENASSE Sie hat von uns das schwerste Studium mit Glanz absolviert.

Wie war das, als der große Bruder aus Brasilien zurückgekehrt war?
EVA MENASSE Das war auch so eine Sternstunde. Ich war 16 und mein Bruder, der damals 32 war, hat mich von der Schule abgeholt. Ich hab der ganzen Klasse erzählt: Heut' kommt mich mein Bruder abholen, und die haben gesagt: Ich hab gar nicht gewusst, dass du einen Bruder hast. Und dann stand da ein erwachsener Mann vor der Schule und wir sind essen gegangen und der Kellner hat zu mir »Gnä' Frau« gesagt. Und wir haben beide irrsinnig gelacht.

Der Kontakt war dann, nach Roberts Rückkehr nach Wien, sehr eng?
EVA MENASSE Ja. Ich hab mir eigentlich nur ein Auto gekauft, weil Robert dieses Haus im Waldviertel hat, von seiner Mutterseite her, und ich da so gern war. Und dann hast du zu mir gesagt: Du kannst jederzeit kommen, das Gästezimmer steht immer für dich offen. Daraufhin hab ich mir ein Auto gekauft. Weil ich jedes Wochenende zu ihm und seiner Frau Sissy und meiner kleinen Nichte ins

Waldviertel gefahren bin. So habe ich das Jahrzehnt zwischen 20 und 30 in Wien verbracht.

ROBERT MENASSE Wenn ich oben war im Haus, während du da geschrieben hast, war das für mich immer sehr anregend. Denn ich neige ja zur Faulheit. Ich bin der Typus Schriftsteller, der deswegen Schriftsteller wurde, weil das ein Beruf ist, wo man nicht viel schreiben muss. In jedem anderen Beruf musst du mehr schreiben. Ein Polizist zum Beispiel muss jeden Tag einen Bericht schreiben. Ein Journalist muss auch jeden Tag schreiben. Jeder muss ununterbrochen schreiben … Und ich bin mehr der Träumer. Ich sitze gern in einem bequemen Sessel, die Beine hochgelagert, am Beistelltisch ein Glas Wein, eine gute Zigarette und dann kann ich stundenlang so vor mich hin sinnieren und träumen. Und so nach und nach denk ich mir: Das musst du jetzt aber langsam aufschreiben. Und wenn die Eva da war, die immer geschrieben hat – ihr Hämmern auf die Tastatur hat mahnend durch das ganze Haus gehallt –, habe ich mir gesagt: Na geh, wenn wir nachher miteinander abendessen und sie fragt mich: Was hast du heute geschrieben … Da hab ich mich dann doch immer wieder an den Schreibtisch gesetzt.

EVA MENASSE Auf dem Grundstück gibt es zwei Häuser, und eine Zeit lang hat der Dichter Robert Schindel in dem anderen Haus gewohnt. Und wir haben immer gelacht, weil er zu Mittag, relativ verwuschelt, mit einem Bademantel durch den Garten gekommen ist und bei uns bei den Fenstern reingeschaut hat. Ich hab da schon getippt, und der Robert war auch schon in seinem Arbeitszimmer und dann hat er gesagt: Haha, ihr fangt erst an, ich bin schon fertig, ich hab schon ein Gedicht geschrieben! Das war so die Konkurrenzsituation im Waldviertel. Ein spätes Worpswede.

ROBERT MENASSE Ja, der Schindel hat immer seinen Arbeitstag beendet, wenn ich meinen begonnen hab. Der ist

um sieben aufgestanden, hat um acht ein Gedicht hingetupft …

EVA MENASSE … hat er zumindest behauptet …

**Sie haben ja auch schon mal etwas gemeinsam geschrie-
ben.**

EVA MENASSE Ja, das war auch im Waldviertel, 1997, das
Buch über Prinzessin Diana. Das war eine der lustigsten
Schreib-Erfahrungen meines Lebens.

ROBERT MENASSE Ja, das stimmt.

EVA MENASSE Zwei Nachmittage am Gartentisch und
schon war das Buch fertig.

Wie kam es dazu?

EVA MENASSE Roberts Tochter Sophie war damals sieben
Jahre alt, und wir Erwachsenen saßen völlig hypnotisiert
vor dem Fernseher und sahen uns die Berichte an, und
Sophie sagte: Ich hab geglaubt, Prinzessinnen gibt es nur
im Märchen. Das war der erste Satz. Dann haben wir zu
erklären begonnen: Na ab und zu gibt es noch wirklich
Prinzessinnen. Dann ist schon das Familiengeblödel los-
gegangen. Und plötzlich haben wir die Idee gehabt, wir
können ein Kinderbuch über die Prinzessin Diana schreiben. Wir erzählen das als ein modernes Märchen. Es war
ein Riesenerfolg. Das erste Kinderbuch, das der Suhrkamp
Verlag gemacht hat.

ROBERT MENASSE Und unser erstes Buch, von dem wir
über 100.000 Exemplare verkauft haben.

EVA MENASSE Wirklich so viele? Ich weiß nur: Als ich den
Scheck damals bekommen habe, war das ziemlich viel Geld,
obwohl wir durch vier geteilt haben – Gerhard Haderer hat
die wunderbaren Illustrationen gemacht. Mir hat das
damals die Möglichkeit gegeben, bei »profil« zu kündigen.
Ohne Netz.

Die fertigen Bücher schicken Sie sich dann gegenseitig zu. Und wie ehrlich ist man dann in der Kritik?

ROBERT MENASSE Wenn mir gut gefallen hat, was sie geschrieben hat, dann bin ich gnadenlos ehrlich.

EVA MENASSE Ich glaub, ich hab dir aus Zeitgründen nur gewhatsappt zur »Hauptstadt«. Aber ausführlich!

Wie gemeinschaftlich ging denn eigentlich die Erforschung der Familiengeschichte, die Sie, Frau Menasse, in »Vienna« verarbeitet haben, vonstatten? Wie sehr haben Sie Ihren Bruder da mit eingebunden? Dazu gehört ja auch zunächst die Entdeckung, dass Ihr gemeinsamer Vater aufgrund seiner jüdischen Herkunft 1938 Österreich verlassen musste. Also dass Sie beide jüdischer Herkunft sind. Und dann später die Erkenntnis: Ja, aber Juden sind wir auch nicht ganz. Denn Ihre beiden Mütter sind keine Jüdinnen.

ROBERT MENASSE Wir sind Feuilleton- und Kulturjuden.

Wie fand diese Entdeckung statt?

EVA MENASSE Ich hab mich immer für die Familiengeschichte interessiert. Erst ohne Ziel und ohne jede Idee, dass das ein Buch werden könnte. Aber ich wollte einfach ein paar Sachen genauer wissen, von denen ich den berechtigten Verdacht hatte, dass das alles nur lustige Anekdoten sind und dass gar nicht alles so stimmt, wie es in der Familie immer erzählt worden ist.

ROBERT MENASSE Wenn erzählt worden ist.

EVA MENASSE Ja. Es sind ja immer nur die guten, erfolgreichen Geschichten erzählt worden. Wie zum Beispiel: Der Papa spricht perfekt Englisch. Und der Papa war ein großer Fußballspieler. Aber der Rest ist in meiner Kindheit – da warst ja du nicht dabei – unterschlagen worden.

ROBERT MENASSE In meiner auch.

EVA MENASSE Also das Traurige und das Tragische daran, das habe ich selber entdecken müssen. Und deswegen hat es mich dann wahrscheinlich auch so getroffen. Vor allem die eine Geschichte, die aus meinem Kopf nicht mehr rausgehen wird, für den Rest meines Lebens: Als ich zum ersten Mal verstanden habe, dass es diesen Abschied gegeben haben muss, von dem Kind, unserem Vater, als er acht war, in dem Bahnhof. Erst als Erwachsene und als Mutter habe ich die Ungeheuerlichkeit begriffen, die das gewesen sein muss für die Großeltern. Die Kinder wegzuschicken in eine ungewisse Zukunft. In einem Europa – Ende 1938 –, das kurz vor dem Krieg steht. Das ist die Gründungsgeschichte meines literarischen Schreibens. Weil mich das nicht losgelassen hat. Die Fragen: Wie ist es dem einen gegangen? Wie ist es dem anderen gegangen? Und beim Schreiben von »Vienna« bin ich darauf gekommen, dass man das nicht beantworten kann, sondern dass man das als Leerstelle frei lassen muss. Da waren so viele Geheimnisse, über die keiner geredet hat, weil immer alle nur die lustigen Anekdoten erzählen wollten.

ROBERT MENASSE Es gab auch viele Geschichten – zumindest in meiner Kindheit war das so –, auf die war man stolz. Zum Beispiel der Onkel Kurt, der war alt genug und konnte in die British Army eintreten und ist sozusagen mit der Waffe in der Hand als Befreier zurückgekommen. Das ist eine Heldengeschichte. Da waren wir alle sehr, sehr stolz.

EVA MENASSE Genau. Und die Hauptheldengeschichte ist, dass sie nach 1945 zurück in die Wohnung gegangen sind. In die arisierte Wohnung: Mein Onkel in der britischen Uniform hat zu seinem Vater, also unserem Großvater, gesagt: Komm, jetzt gehen wir noch mal in die Wohnung. Der Großvater wollte nicht. Der wollte nicht den Nazi, der da immer noch drin gewohnt hat, damit konfrontieren, dass er überlebt hat. Aber der Onkel Kurt hat darauf bestanden und ist mit dem Großvater, der ängstlich hinter ihm hergetrottet ist, dahin gegangen. Er hat geklingelt und gesagt: Ich möchte die Wohnung noch mal sehen. Und der Nazi ist natürlich zusammengebrochen, innerlich, weil er geglaubt hat, jetzt fliegt er raus. Onkel Kurt ist nur einmal durchgegangen, hat sich alles in Ruhe angeschaut. Die Möbel von den Großeltern, die da alle noch gestanden sind, die haben ja nicht viel mitnehmen dürfen außer Kleidung. Er ist einmal durchgegangen und hat gesagt: ›Wiedersehen. Schönen Tag noch.‹ Und das hat ihm etwas gegeben, dem Onkel Kurt. Dass er klargemacht hat: Wir sind wieder da. Wir haben gewonnen. Wir sind nicht im KZ umgebracht worden und wir sind sogar so großmütig, dass wir Ihnen die Wohnung lassen. Aber wissen sollen Sie's. Der neue Bewohner, Rainer hieß der, war ein Spieler aus dem österreichischen Wunderteam.

ROBERT MENASSE Er war Rechtsaußen bei der Vienna. Und als unser Vater zurückkam aus England, hat er bei der Vienna Fußball gespielt und hat den dann aus der Mannschaft verdrängt.

EVA MENASSE Nein, nein, der Rainer war schon viel zu alt.

Wir glauben gern die Version Ihres Bruders. Die ist doch sehr poetisch.

EVA MENASSE Nein, der war Wunderteam-Spieler in den Dreißigerjahren. Unser Vater hat in den Fünfzigern gespielt. Das stimmt nicht, Robert. Frag den Papa.

ROBERT MENASSE Der Papa war Rechtsaußen bei der Vienna, so wie der Rainer.

EVA MENASSE Der Rainer war Verteidiger.

ROBERT MENASSE War der Verteidiger?

EVA MENASSE Ja.

ROBERT MENASSE Also mir gefällt die Geschichte wesent-
lich besser in meiner Version. Ich hab so im Ohr …

EVA MENASSE Ja. Das ist typisch. Ich bin immer die, die
sagt, nein, so war es nicht …

ROBERT MENASSE Wir sind da oft nicht einer Meinung,
weil sie hat so ein journalistisches Reinheitsgebot.

EVA MENASSE Ich bin für die Fakten.

ROBERT MENASSE Während mich die Typisierung einer
Geschichte viel mehr interessiert. Also ich stell es mir so
vor: Der Rechtsaußen von der Vienna hat die Wohnung der
Großeltern arisiert, und als der Papa aus England zurückkam, kam er zur Vienna, und dann wurde er Rechtsaußen,
und ich hab das so im Ohr, dass der Großvater gesagt hat:
Was brauche ich die Wohnung zurück, der Arisierer hat bei
der Vienna den Posten an den Hansi abgeben müssen.

**Frau Menasse: Er hat es jetzt halt so im Ohr, dann wird es
wohl auch stimmen.**

EVA MENASSE Ja. Der Robert hat völlig recht. In einem
Roman macht man es so, wie er es sagt, und ich recher-
chiere es halt vorher trotzdem. (Sie tippt auf ihrem Handy
herum): Karl Rainer, geboren 1901 – also, das siehst du selber ein, dass der Papa den nicht verdrängt haben kann.
Fürs SPIEGEL-Interview wollte ich gern die Fakten klären.

ROBERT MENASSE Wir haben immer wieder Auseinandersetzungen, was die Familiengeschichte betrifft. Auch die
weiter zurückreichende.

EVA MENASSE Genau. Weil du immer noch an den Bankier
in Alexandria glaubst.

ROBERT MENASSE Oh ja. Es gab mal einen berühmten
Bankier in Alexandria. Heute gibt es im Zentrum von Alexandria den Menasse-Platz. Da stand mal das Haupthaus
der Menasse-Bank. Und die sind irgendwann einmal ver-
trieben worden und haben sich in alle Winde zerstreut,

einige waren in England, einige in Paris, und ich denke mir: Irgendwie sind wir mit denen verwandt. Stolze sephardische Juden. Uns hat man immer erzählt, wir kommen von so armen Ostjuden.

EVA MENASSE Ja, aber das habe ich leider auch recherchiert. Wir haben früher immer fantasiert, wir fahren nach Alexandria, gehen in die Bank rein und heben ab und unterschreiben einfach mit Menasse.

ROBERT MENASSE Ja, das ist doch eine schöne Geschichte.

EVA MENASSE Natürlich ist es die schönere Geschichte, aber die schönen sind nicht immer die wahren Geschichten.

ROBERT MENASSE Der Menasse, der aus Alexandria nach Wien gekommen ist, war übrigens ein Geliebter von Lawrence Durell, dem Autor des »Alexandria Quartett«. Er ist enterbt worden, weil er schwul war und künstlerische Ambitionen hatte. Deshalb sind wir die armen Menasses.

Ja aber waren Sie denn wenigstens schon mal da? Wenigstens mal versucht, was abzuheben?

ROBERT MENASSE Ich habe ein sehr beunruhigend magisches Erlebnis in Ägypten gehabt. Wenn ich mit meiner Frau irgendwohinreise, übers Wochenende in eine andere Stadt, dann ist es immer so, dass sie sich dort auskennt. Sie hat sich lange vorher vertraut gemacht mit der Topografie der Stadt, hat Reiseführer gelesen. Und wenn wir rumlaufen, dann sagt sie immer: Wir müssen da jetzt nach rechts gehen, dann nach links. Und wenn ich allein gehe, verirre ich mich und nehme mir ein Taxi zurück ins Hotel. In Alexandria habe ich mich bewegt, als hätte ich dort jahrelang schon gelebt gehabt, während meine Frau sich verirrt hat.

Man hat Sie aber nicht erkannt? Als Bankier?

ROBERT MENASSE Nein. Ich war incognito dort. Aber im Ernst, es gibt schon manchmal so magische Dinge, die mir recht geben.

Das heißt aber auch, Sie waren an manchen Schwester-Ergebnissen der Familienforschung gar nicht so interessiert, weil Sie ja schon eine andere Wahrheit in Ohr und Sinn hatten?

ROBERT MENASSE Nein. Interessiert hat es mich natürlich immer. Und ich verdanke Eva da auch sehr viel. Wie du die »Liebe Menasse« zum Beispiel entdeckt hast, das war unsere Ururgroßmutter. Dass die »Liebe« hieß mit Vornamen …

EVA MENASSE Ein typischer Name im Schtetl.

ROBERT MENASSE Ja schon, aber es hat mich entzückt.

EVA MENASSE Wir heißen nur wegen dieser Frau Menasse. In der Mitte des 19. Jahrhunderts ist unser Urgroßvater von Tarnow bei Krakau nach Wien eingewandert und die k.u.k. Beamten haben damals eine Ehe, die nur konfessionell und nicht standesamtlich geschlossen worden ist, nicht anerkannt. Das heißt, da kam ein Herr Abraham Herschkowitz in Wien an und die haben nicht akzeptiert, dass seine Eltern verheiratet waren, weil sie nur vom Rabbi getraut waren. Also haben sie ihn nach dem Mädchennamen seiner Mutter gefragt, und den musste er dann zwangsweise führen. Und seine Mutter war eben die Liebe Menasse. Unser Urgroßvater hat den Namen Menasse dann benutzt, aber höchst ungern. Er hat sich unter Herschkowitz begraben lassen, deshalb habe ich auch sein Grab erst so spät gefunden, in Wien. Deswegen gibt es diesen Namensbruch in der Familie. Eigentlich heißen wir Herschkowitz.

ROBERT MENASSE Also ich heiße nicht Herschkowitz. Da

hätten wir jetzt in Hinblick auf die Bank in Alexandria ein Problem.

Hat Ihr Buch langfristig das Familiengespräch verändert?
EVA MENASSE Wenn man sich bei Familientreffen über irgendwas nicht einigen kann, sagt immer irgendeiner: Na, schaut's nach bei der Eva im Buch. Und ich sag dann immer: Leute, das ist ein Roman. Das ist nix zum Nachschlagen. Aber so wie es im Buch steht, muss es dann gewesen sein. Das ist auch eine typische Haltung für unsere Familie, mit Geschichten umzugehen. Da sind die schon entspannt.
ROBERT MENASSE Ja, entweder hat man gesagt: Schauen wir nach bei der Eva. Oder man hat die Geschichte weitergesponnen. Sie ist dann ausgeschmückt worden und war dann plötzlich eine Geschichte, die so gar nicht im Buch vorgekommen ist.
EVA MENASSE Und der Papa – der Vater im Buch ist nun wirklich die einzige Figur, die sehr nah ist am Vorbild –, der hat auf die Journalistenfrage, wie er das findet, mal gesagt: Alles, was mir an der Figur des Vaters gut gefällt, bin selbstverständlich ich, alles andere ist natürlich Fiktion.

Die Frage, ob Sie jüdisch sind oder nicht, war die für Sie nie so problematisch wie für Ihre Schwester, Herr Menasse?
ROBERT MENASSE Es wäre nicht problematisch gewesen, wenn ich nicht in so einer radikal katholischen Schule gewesen wäre.

Wie sah das konkret aus?
ROBERT MENASSE Also, mein Vater ist Jude, meine Mutter ist ohne religiöses Bekenntnis, politische Anarchistin. So bin ich ohne religiöses Bekenntnis. Ich bin weder getauft noch in der Jüdischen Gemeinde registriert.

EVA MENASSE Die uns mit unseren nicht jüdischen Müttern auch nicht nehmen würde …

ROBERT MENASSE Jedenfalls war ich freigestellt vom Religionsunterricht in dieser katholischen Schule. Und da musste ich immer rausgehen, im Gang stehen, und da habe ich mich zu Tode gelangweilt. Das Gebäude verlassen durfte ich nicht. Nur im Gang vor der Tür des Klassenzimmers stehen. Da habe ich gesagt: Ich möchte lieber drinnenbleiben und zuhören. Und da hat der katholische Religionslehrer plötzlich geglaubt, ich bin eine zu rettende Seele. Und ab dem Moment hat er sich besonders um mich gekümmert und wollte mich sozusagen retten vor der Ewigen Verdammnis. Es war völlig grotesk. Die anderen Schüler haben inzwischen ihre Mathematikaufgaben hervorgeholt und abgeschrieben, jeder hat irgendwas gemacht, und der hat ununterbrochen auf mich eingeredet. Dann ist mir das zu viel geworden und ich wollte doch lieber wieder draußen stehen.

EVA MENASSE Dadurch warst du markiert.

ROBERT MENASSE Ja, es kam also der Moment, wo er gemerkt hat, ich lass mich nicht taufen, und da hat er schroff zu mir gesagt: ›Menasse Christus-Mörder!‹ Ich habe ihn fassungslos angeschaut und er hat gesagt: Ja, einer der Hohepriester, die Jesus zum Tode verurteilt haben, ein besonders scharfer, der hieß Menasse. Und hat mit dem Zeigefinger so auf mich hingetupft und hat gesagt: Christusmörder! Und das hat mich in einer Weise schockiert, da ist mir zum ersten Mal klar geworden, dass das ein kleiner Rucksack ist, den ich mit der jüdischen Herkunft und dem Namen trage. Später habe ich damit kein Problem mehr gehabt. Im Gegenteil. Ich habe mir gedacht: So eine Herkunft ist auch eine Impfung. Man ist sensibel für bestimmte gesellschaftliche Entwicklungen.

EVA MENASSE Also mich hat es eine Zeit lang schon sehr

irritiert. Diese Frage, was man jetzt ist. Wo man dazugehört. Erst hat man mir die jüdische Herkunft des Vaters zu lange verschwiegen. Und dann habe ich ihn kaum in Händen gehabt, diesen Fetzen Identität, schon ist es mir wieder miesgemacht worden von jüdischen Freunden, die gesagt haben: Jetzt komm, bei so vielen nicht jüdischen Ehefrauen, da muss man gar nicht drüber nachdenken. Da bin ich ärgerlich geworden, weil ich gedacht habe: Moment, ich habe jetzt gerade verstanden, was für eine leidvolle Kindheit mein Vater gehabt hat, und jetzt will man mir das wieder wegnehmen. Das hat mich in meinen Zwanzigern massiv irritiert. Nicht zu wissen, was man ist. Und wo man hingehört. Inzwischen reagiere ich ganz genervt, wenn mir diese Frage gestellt wird. Ich lasse mir keine Fragen mehr zu meiner Identität stellen und habe mir vorgenommen, in Zukunft zu sagen: Ja, danke, stellen Sie sich vor, ich habe eine!

ROBERT MENASSE Das ist komisch, das war bei mir nicht so.

EVA MENASSE Ich habe oft das Gefühl gehabt, ich muss mich rechtfertigen.

ROBERT MENASSE Ich bilde mir ein, dass ich sehr früh damit zufrieden war, keine ethnische oder religiöse oder sonst irgendwie aufgesetzte Identität zu haben. Sondern dass ich mir das aussuchen kann. Und dass ich lieber in einer Republik der Dichtung leben möchte. Sozusagen.

EVA MENASSE Mir hat geholfen, nach Deutschland zu gehen. Hier war ich vor allem die Österreicherin, und das hat die ganzen anderen Fragen in den Hintergrund gedrängt.

ROBERT MENASSE Das ist lustig.

EVA MENASSE Das meine ich ernst.

ROBERT MENASSE Ja, du meinst es ernst, aber es ist trotzdem lustig.

EVA MENASSE Ich habe immer noch das Gefühl, dass ich in

Deutschland freier bin. In Österreich fühle ich mich immer bedrückt, durchleuchtet, komisch angeschaut. Das ist möglicherweise auch eine Paranoia von mir.

ROBERT MENASSE Aber es hat auch etwas mit Zu-Hause-Sein und Heimat zu tun, und da bin ich wie der Opa. Der Opa hat es geliebt, in ein Kaffeehaus hineinzugehen, und der Oberkellner hat gesagt: Grüß Sie, Herr Menasse.

EVA MENASSE … kleiner Brauner wie immer?

ROBERT MENASSE Und ich mag das auch gern.

EVA MENASSE Ich mag das auch gern, aber ich mag es lieber in Berlin. In Wien wissen auch immer alle alles über unsere Familie. Wir sind bunte Hunde, schon durch den Papa und seine Fußballkarriere, und dann du, der Bruder, der streitbare Intellektuelle. Die glauben alle, sie wissen schon was über mich, obwohl sie mich noch gar nicht kennengelernt haben. In Berlin ist das nicht so. In Berlin mach ich den Mund auf und sie sagen: Ach, Sie sind aus Österreich. Wie nett.

ROBERT MENASSE Ich versteh es sehr gut. Aber ich lebe wahnsinnig gern in Wien.

Auch jetzt unter der neuen schwarz-blauen Regierung?

ROBERT MENASSE Als Österreich die erste schwarz-blaue Regierung hatte, im Jahr 2000, habe ich gesagt, dass man, wenn es die EU nicht gäbe, eigentlich wieder für den Anschluss Österreichs an Deutschland sein müsste, aber diesmal aus antifaschistischen Gründen, weil da Deutschland viel konsequenter ist. Da ist es mir dann eine Zeit lang in Österreich schlecht gegangen. Da war ich froh, dass ich die Wohnung in Amsterdam hatte.

EVA MENASSE Aber die Situation ist doch eigentlich jetzt viel krasser als 2000. Und trotzdem sind die Leute nicht so empört. Oder kommt mir das nur aus der Ferne so vor?

ROBERT MENASSE Es ist eine ganz andere Situation.

Es wirkt noch beunruhigender. Weil es einfach so ein schleichender Gewöhnungsprozess zu sein scheint. Es ist jetzt normal, die FPÖ in der Regierung zu haben. Weite Teile Europas werden von FPÖ-artigen Parteien regiert.

ROBERT MENASSE Man konnte 2000 wirklich entrüstet sein durch diesen legalen Putsch, der stattgefunden hat. Wolfgang Schüssel war Dritter nach der Wahl und hat sich mithilfe von Jörg Haider zum Kanzler gemacht und die Freiheitlichen in die Regierung geholt. Das kam einem Putsch gleich. Formal war das zwar legal, aber es war nicht legitim. Während jetzt die beiden Parteien, die die Wahl gewonnen haben, gemeinsam eine Koalition bilden, müssen wir das als demokratische Normalität anerkennen und abwarten, was sie machen. Und das dann kritisieren. Das ist der Unterschied. Und was der zweite große Unterschied ist: Jörg Haider war ein politischer Abenteurer. Der H.C. Strache ist das nicht. Der ist ein ideologisch gefestigter Rechter, der war schon rechts und hat rechtes Gedankengut verbreitet, da war der Zeitgeist noch lange nicht rechts. Aber jetzt, wo der Zeitgeist auch rechts ist, erntet er. Aber der würde nie, weil er in der Meinungsumfrage einen Stimmungsumschwung liest, daraufhin deshalb etwas anderes sagen, als er denkt. Das heißt aber, dass er auch berechenbarer ist. Aber das entbindet uns nicht, das zu kritisieren, was mit hundertprozentiger Sicherheit extrem kritikwürdig werden wird. Und ich lass mir von denen nicht vorschreiben, was Heimat ist. Und wer dazugehört. Sie versuchen es. Aber das lass ich nicht zu.

Und Sie, Frau Menasse, betrachten das alles aus großer Ferne?

EVA MENASSE Ich ziehe aus alldem eine Kraft. Aus dem Fremdsein. Fremdbleiben. Ich bin einfach keine Deutsche. Ich bin schon gar keine Berlinerin. Aber ich bin schon so lange da, dass mir alles irgendwie vertraut ist. Und ich mag das gern.

Wie oft kommt die Menasse-Familie noch zusammen? An Weihnachten zum Beispiel?
ROBERT MENASSE Weihnukka.

Wie feiern Sie das?
ROBERT MENASSE Alle Menasses, die noch leben und die woanders leben und bereit sind, anzureisen, Eva kommt diesmal leider nicht, die treffen sich dann zum gemeinsamen Abendessen.
EVA MENASSE Und der Robert kocht.
ROBERT MENASSE Und ich koche und dann werden Geschichten erzählt. Viele zum hundertsten Mal, aber jedes Mal wieder eine Spur besser.

Frau Menasse, Herr Menasse. Wir danken Ihnen für das Gespräch.

Das Gespräch führte Volker Weidermann.

Eine Altbauwohnung in Berlin-Wilmersdorf. Der Schriftsteller Robert Menasse, Jahrgang 1954, ist für dieses Interview aus Wien zu seiner Schwester, der Schriftstellerin Eva Menasse, Jahrgang 1979, gereist. Die beiden Geschwister haben noch nie ein Interview zusammen gegeben. Jetzt aber hat Robert im Herbst 2017 den Deutschen Buchpreis für seinen Roman »Die Hauptstadt« gewonnen und Eva kurz danach den Österreichischen Buchpreis für ihren Erzählungsband »Tiere für Fortgeschrittene«. Dieser doppelte Familienpreis ist Anlass für unser Gespräch. Sie machten das »für unseren Vater«, sagen beide. Ihr gemeinsamer Vater, der Jude Hans Menasse, Jahrgang 1930, wurde im Alter von acht Jahren mit einem Kindertransport von Wien nach England verschickt. Nach dem Krieg war er österreichischer Fußballnationalspieler. Eva Menasse hat ihn in ihrem Roman »Vienna«, der in weiten Teilen auf Erlebnissen ihrer Familie beruht, porträtiert.

DANK

Die Autoren danken den Kollegen im SPIEGEL-Verlag und bei Kiepenheuer & Witsch, besonders Angelika Mette und Martin Breitfeld, für tatkräftige Unterstützung; außerdem lieferten Inge, Katja und Charlotte Doerry sowie Jeanette Hage nützliche Vorschläge und Hinweise zu einzelnen Fragen. Dem SPIEGEL-Verlag ist für die Genehmigung zu danken, das SPIEGEL-Gespräch mit Eva und Robert Menasse (Heft 2/2018) nachdrucken zu dürfen. Geführt hat es der SPIEGEL-Redakteur Volker Weidermann, dem auch für die Bereitschaft zu danken ist, für dieses Buch zu einem Gedankenaustausch mit seinem Vorgänger beim SPIEGEL bereit gewesen zu sein.

BILDNACHWEIS